浮式桥梁
技术研究

宋 晖 彭运动 张永良 等 著

Technical Researches on
Floating Bridge

人民交通出版社
北京

内 容 提 要

本书依托作者团队在浮式桥梁方案设计关键技术研究方面的科研成果和实际工程应用案例，针对传统桥梁技术难于解决宽阔、超深峡湾的跨越难题，创新性地提出了一套适用于多种海况条件的浮式桥梁水动力理论，阐明了浮式桥梁流体-结构相互作用机理，提出了浮式结构与流体耦合的数学模型及其数值求解方法、小海况及大海况下的水动力学模型理论，并介绍了浮式桥梁方案设计优化的理论研究、设计方法及适用性研究，构建了浮式桥梁方案设计关键技术体系。

本书可供从事浮式桥梁技术研究、工程建设与管理的工程技术人员参考，也可供土木工程、结构工程专业的本科生或研究生参考。

图书在版编目(CIP)数据

浮式桥梁技术研究 / 宋晖等著. — 北京：人民交通出版社股份有限公司，2025.3. — ISBN 978-7-114-19688-1

Ⅰ. U448.19

中国国家版本馆 CIP 数据核字第 2024FR8813 号

Fushi Qiaoliang Jishu Yanjiu

书　名：	浮式桥梁技术研究
著作者：	宋　晖　彭运动　张永良　等
责任编辑：	李学会
责任校对：	赵媛媛
责任印制：	刘高彤
出版发行：	人民交通出版社
地　址：	(100011)北京市朝阳区安定门外外馆斜街3号
网　址：	http://www.ccpcl.com.cn
销售电话：	(010)85285857
总经销：	人民交通出版社发行部
经　销：	各地新华书店
印　刷：	北京市密东印刷有限公司
开　本：	720×960　1/16
印　张：	13.25
字　数：	204 千
版　次：	2025 年 3 月　第 1 版
印　次：	2025 年 3 月　第 1 次印刷
书　号：	ISBN 978-7-114-19688-1
定　价：	89.00 元

(有印刷、装订质量问题的图书，由本社负责调换)

前言

改革开放 40 多年来，我国公路桥梁建设取得了举世瞩目的成就。截至 2023 年底，我国公路桥梁总量已达 107.93 万座，总长度达 9.5 万 km，在世界大跨度悬索桥、斜拉桥、拱桥和梁桥跨径前十位的排行榜上，我国独占半壁江山。以港珠澳大桥、舟山大陆连岛工程、深中通道等为代表的连岛工程和跨海大桥的陆续建成通车，标志着我国桥梁建设的发展已从跨江河、越湖海、穿峡谷、连群山，进入跨越深邃峡湾或海峡的新阶段。

尽管我国已跻身于世界桥梁技术强国行列，但在"一带一路"基础设施互联互通的实践过程中，在深邃峡湾或宽而深的海峡上建设桥梁仍面临着巨大技术和工程挑战。岛屿间及岛屿与大陆间的峡湾或海峡，其水深达数百米甚至上千米，宽度少则数公里，宽则数十公里，以现有的常规大跨径桥型技术无法做到一跨跨越这些水域，采用传统的跨海大桥技术难以或根本无法解决这些峡湾或海峡的横渡问题。应运而生的浮筒式支撑的浮式桥梁结构使得横跨宽广深邃的峡湾或海峡成为可能。

党的十八大以来，交通运输部积极推进绿色交通理念的实施，并全力推动交通运输事业的科学发展，在绿色交通方面取得了积极成效。浮式桥梁因不需要进行水下基础施工，对水环境及水下地基的扰动非常小，极大地减小了桥梁施工对周边生态环境的影响，若将其应用于环保要求高的湖泊、河流的跨越，将成为发展绿色交通的一个新支点。

全世界大型浮式桥梁的数量非常有限，仅有 20 座左右，其中以挪威和北美的实桥应用最多，技术较为先进、技术积累多、对复杂环境条件的适用性和跨越能力强。国内常用的舟桥在跨越黄河和一般水域也有应用，但其环境适用性较差，对于跨越宽广深邃的峡湾或海峡适用性较差。

当前，浮式桥梁在我国交通领域的研究尚处于起步阶段。本书基于浮式桥梁相关理论研究进展和国内外浮式桥梁应用现状，从浮式桥梁研究者和设计者的角度出发，充分考虑浮式桥梁设计的主要方面，聚焦浮式桥梁方案设计关键技术，给出一套可适用于不同海况下的浮式桥梁水动力理论，详细论述基于该理论的模拟技术、机理和适用性，提供了如何经济、可靠地进行浮式桥梁方案设计，从而使浮式桥梁爱好者、设计者、研究人员以及相关专业本科生、研究生对浮式桥梁基础理论和方案设计有一个基本认识，有利于为这类浮式桥梁的设计提供重要理论和技术基础。本书还旨在为流体与浮体结构相互作用提供实用的理论和数值模拟方法。

本书共8章，力求通俗易懂，文字精简扼要。第1章绪论对浮式桥梁相关理论的研究进展、应用现状和结构体系与构造进行了系统介绍，以便于读者对浮式桥梁研究和应用现状有全貌认识；第2章对浮式桥梁相关的海洋工程理论基础进行了介绍，以便于读者对浮式结构领域中涉及的一些基本概念和理论有全面理解；第3章对桩约束浮式结构的流体-结构相互作用理论进行了介绍；第4章对所提出的浮式桥梁水动力学理论模型进行了介绍；第5章基于所提出的水动力理论，全面阐述了浮式桥梁的流体-结构相互作用机理；第6章对方案设计阶段的优化理论进行了介绍，并进行了初步优化分析；第7章介绍了浮式桥梁的设计方法，重点突出了其特点及与传统固定式桥梁在设计流程上的差别；第8章介绍了不同建设条件下的浮式桥梁适用方案，可为方案设计阶段的桥梁选型提供参考。

本书所介绍的一些主要研究成果来自中国交通建设股份有限公司（简称中国交建）科技研发项目"浮式桥梁方案设计关键技术研究"，该项目由中交公路规划设计院有限公司和清华大学共同完成。中交公路规划设计院有限公司的张凯、胡云天、余天亮、孙海云、刘波、曲春升、李铭、王雨至、符超然、俞欣参与了第1、2、7、8章的编写和全书的校核、统稿，清华大学刘俭峰博士、陈文创博士、郭鹏博士参与了第3~6章的编写，在此谨向他们表示衷心感谢。对在书稿编写过程中提供咨询、协助、建议指正的所有人员也一并表示感谢。

由于作者水平有限，书中难免有不足之处，恳请读者批评指正。

作　者

2024年12月

于北京

目录

第1章 绪论·· 1
    1.1 浮桥相关理论的研究进展·· 1
    1.2 浮桥的应用现状·· 7
    1.3 结构体系与构造·· 19
    1.4 本章小结··· 31

第2章 浮桥的海洋工程理论基础·· 32
    2.1 概述·· 32
    2.2 海洋环境··· 33
    2.3 环境荷载··· 47
    2.4 系泊系统··· 61
    2.5 水动力分析·· 65
    2.6 本章小结··· 70

第3章 桩约束浮式结构的流体-结构相互作用理论······························ 71
    3.1 概述·· 71
    3.2 数学模型··· 72
    3.3 数值方法··· 78
    3.4 模型设置··· 85
    3.5 收敛性分析与模型验证·· 86
    3.6 结果与讨论·· 88
    3.7 本章小结··· 95

第4章 浮桥水动力学理论模型··· 97
    4.1 概述·· 97
    4.2 基于势流理论的数学模型··· 97

4.3 基于黏性流体理论的数学模型 …………………………… 104
　　4.4 模型验证 ……………………………………………………… 108
　　4.5 本章小结 ……………………………………………………… 110

第 5 章 浮桥的流体-结构相互作用机理 ………………………………… 111
　　5.1 概述 …………………………………………………………… 111
　　5.2 舟式浮桥力学特性研究 ……………………………………… 112
　　5.3 梁式浮桥力学特性研究 ……………………………………… 124
　　5.4 系泊系统机理研究 …………………………………………… 131
　　5.5 本章小结 ……………………………………………………… 146

第 6 章 浮桥方案设计优化理论研究 …………………………………… 148
　　6.1 概述 …………………………………………………………… 148
　　6.2 基于多目标进化算法的方案优化方法 ……………………… 148
　　6.3 结构优化计算与分析 ………………………………………… 150
　　6.4 优化数值研究 ………………………………………………… 158
　　6.5 本章小结 ……………………………………………………… 160

第 7 章 浮桥设计方法 …………………………………………………… 161
　　7.1 概述 …………………………………………………………… 161
　　7.2 设计荷载 ……………………………………………………… 161
　　7.3 荷载组合 ……………………………………………………… 164
　　7.4 总体设计与分析计算 ………………………………………… 168
　　7.5 耐久性设计 …………………………………………………… 170
　　7.6 行车舒适性评价 ……………………………………………… 176
　　7.7 本章小结 ……………………………………………………… 180

第 8 章 浮桥适用性研究 ………………………………………………… 182
　　8.1 概述 …………………………………………………………… 182
　　8.2 浮桥建设条件 ………………………………………………… 183
　　8.3 浮桥设计方案比选的模糊综合评判 ………………………… 184
　　8.4 本章小结 ……………………………………………………… 192

参考文献 …………………………………………………………………… 195

CHAPTER 1
| 第 1 章 |

绪　　论

跨海/江桥梁可以方便两岸间的交通,缩短两岸的距离,提高交通效率;同时,也为两岸经济发展带来便利,促进物流和人员的流通,提升应急救援能力。由此可见,跨海/江桥梁建设对于两岸人民的生活、经济发展、区域发展等方面都有重要意义。

我国桥梁建设的发展已从跨江河、越湖海、穿峡谷、连群山,进入跨越深邃峡湾或海峡的新阶段。对于在宽而深的水域建浮式桥梁(以下简称"浮桥"),不仅能够降低工程造价,而且贯彻了注重自然和谐的理念,实现了低投入、低消耗、低污染的绿色发展。但目前在峡湾或宽而深的海峡上建设浮桥,我国仍面临着巨大的技术和工程挑战。要真正解决好跨越宽而深邃海峡浮桥的横渡问题,首先,需要摸清国内外现有浮桥的研究和应用现状,整合、梳理浮桥设计中已有模拟理论与方法以及这些理论与方法的局限性,凝练出浮桥应用过程中所面临的基础科学问题和工程技术难题;其次,要在前人研究和工程应用的基础上,对国内外现有代表性浮桥的结构体系和结构形式进行梳理,摸清其基本组成、各部分功能、一般结构形式和主要施工方法。本章将系统全面地回顾浮桥相关理论的研究进展、应用现状、结构体系与构造。

1.1　浮桥相关理论的研究进展

20 世纪 70 年代末,Hartz 等[1-3]将直线型连续混凝土浮箱支承的胡德运河

(Hood Canal)桥视为直线连续梁进行建模,开展了该桥动力响应的数值研究。通过对 Hood Canal 大桥的大量研究,积累了连续浮箱支撑浮桥的数值模拟研究经验[1-7]。然而,这种连续浮箱支承浮桥的迎水流面积大,因而存在着横向荷载大的缺点,且在极端海况下易发生水毁。1979 年,Hood Canal 桥遭遇风暴,桥梁西半部分不幸发生沉没[8]。针对连续浮箱支撑浮桥所存在的横向荷载大的问题,随后发展了离散浮箱支承浮桥结构,这种浮桥结构的优点除了迎水流和波浪的结构上所受横向荷载小之外,主要体现在具有良好的通航性[9]。一直到了 20 世纪末,Seif 和 Inoue[10]基于势流理论,将曲线型离散浮箱支承的伯格索伊逊(Bergsøysund)大桥的上部结构和下部浮箱分别视为超单元和刚体进行建模,计算出上部结构的连接刚度,进而计算出该桥的动力响应。2016 年,Kvåle 等[11]进一步考虑了 Bergsøysund 大桥流固耦合作用对流体阻尼的贡献,从而获得了更为精确的动力响应结果。次年,Rahman[12]进一步发展了离散型浮箱支承的浮桥模型理论,提出了计算 Bergsøysund 大桥动力响应的新思路,即在水动力分析软件 HydroD 中计算分析每个浮箱所受的水动力荷载并求解荷载相位差,然后在有限元模拟软件 Abaqus 桥梁模型的每个浮箱上施加规则波荷载,进而求解浮桥的动力响应。目前,挪威公共道路管理局(NPRA)对挪威西海岸一条无渡轮沿海高速 E39 的多个浮桥进行了研究,提出了直线型离散浮箱支撑浮桥、曲线型离散浮箱支撑浮桥等浮桥方案,并进行了大量的数值模拟研究[13-20],探索更为准确有效的离散型浮箱支撑浮桥的建模技术。

连续浮箱或离散浮箱支承的浮桥,按其建模方法可分为以下两种:

(1)将其视为超大型浮式结构(Very Large Floating Structure,VLFS),即将浮桥视为连续梁或板;

(2)通过连接件连接的多浮体系统。

将浮桥视为超大型浮式结构时,浮桥在环境荷载作用下的动力响应通常采用水弹性理论(Hydro-elastic Theory)进行研究[21]。水弹性理论把流体和固体弹性系统作为一个统一的动力系统加以考虑,目前已经有了很多研究[22-24]。

鉴于浮桥结构细长的特性,可将浮桥视为通过连接件连接的多浮体系统,以浮体的响应代替浮桥的响应,结构运动方程如下[10,21]:

$$M\ddot{q} + C\dot{q} + Kq + F^{int} = F^{exc} \tag{1-1}$$

式中,M 为结构质量矩阵;C 为结构阻尼矩阵;K 为结构刚度矩阵;$\ddot{q}$ 为结构节点加速度向量；$\dot{\boldsymbol{q}}$ 为结构节点速度向量；$\boldsymbol{q}$ 为结构节点位移向量；$\boldsymbol{F}^{\text{int}}$ 为结构节点内力向量；$\boldsymbol{F}^{\text{exc}}$ 为结构节点激励外力向量，一般包括风荷载、水流荷载、波荷载等，根据不同的工况或假设选取。上述这些位移、速度和加速度向量在频域求解时是结构自振频率的函数，而在时域求解时是时间的函数。

式(1-1)中结构阻尼矩阵通常采用瑞利阻尼，即结构质量矩阵和刚度矩阵的线性组合构造[25]。当浮箱上部通过连续桥面板连接时，Seif 和 Inoue[10]给出了浮桥结构刚度矩阵构造常用的方法，利用超单元法将浮桥建模为柔性梁，利用有限元分析程序计算出结构刚度矩阵。Kvåle 等[11]采用了同样的思路，对 Bergsøysund 大桥桥梁上部结构设计建立有限元模型，使得有限元模型更加精细。当浮箱通过铰接连接件连接时，如何根据连接件特性建立约束矩阵成为解决问题的关键。通常建立约束矩阵的方法有两种：

（1）利用直接模态法扩展连接件刚体的模态，使得约束力矩阵满足连接件特性，此时，相邻浮体之间的连接力被视为一种内力，可参见 Newman[26]和 Lee 等[27]的研究；

（2）利用总模态法建立运动方程时，浮体间的连接作用力作为外力，根据浮体间连接件的力和位移特性建立补充方程，进而求解运动方程，可参见 Tajali 等[28]和 Kim 等[29]的研究。

后者往往较前者更具优势，因为通常情况下，一方面，由于浮桥结构的复杂性，其振动模态无法准确求解，给直接模态法带来挑战；另一方面，当浮体数量非常大且相邻浮体之间的连接非常复杂时，使用总模态法也更具优势，可以采用拉格朗日乘子法引入满足连接件条件的约束矩阵，进而得出系统运动方程，这样约束矩阵的表达式更加简洁，问题也更加简化，有利于编程计算，可参见 Sun 等[30-31]的研究。

浮桥结构在水体中要发生相互作用，会带动周围水体一起运动，由此所产生的附加质量和附加阻尼问题是不可以忽略的。因此，在构建结构运动方程时，应当考虑流体结构的相互作用。最初，一般都假设流体均匀不可压缩、无黏，流动无旋。在此假设下，流体总速度势 $\varPhi$ 满足拉普拉斯方程：

$$\nabla^2 \varPhi = 0 \tag{1-2}$$

流场的总速度势 $\varPhi$ 在直角坐标系 (x,y,z) 中可以采用变量分离法进行时空分离：

$$\Phi(x,y,z,t) = \text{Re}[\varphi(x,y,z)\text{e}^{-\text{i}\omega t}] \tag{1-3}$$

式中,t 为时间;ω 是入射波的圆频率;φ 为 (x,y,z) 处的空间总速度势。空间总速度势可由入射波、绕射波和辐射波的空间速度势线性叠加而成。考虑水体对结构的作用后,结构的运动方程可改写为[32-33]:

$$(\boldsymbol{M}+\boldsymbol{M}')\ddot{\boldsymbol{q}} + (\boldsymbol{C}+\boldsymbol{C}')\dot{\boldsymbol{q}} + \boldsymbol{K}\boldsymbol{q} + \boldsymbol{F}^{\text{int}} = \boldsymbol{F}^{\text{exc}} \tag{1-4}$$

式中,$\boldsymbol{M}'$ 为结构因流体固体相互作用产生的附加质量矩阵;$\boldsymbol{C}'$ 为结构因流体固体相互作用产生的附加阻尼矩阵。在求解势流理论方程时通常将方程改写为边界积分方程,使用边界元方法(Boundary Element Method,BEM)来离散,以求解波浪在结构周围的流场,从而获得结构水动力参数。此外,每个浮体在波浪中的运动特性相互不同,不仅需要考虑流体与多个浮体结构之间的耦合,还需考虑各个浮体结构之间的水动力耦合效应[32]。因此,很多学者通过水动力软件计算水动力参数,如 Rahman[12] 使用 HydroD 计算浮箱的水动力参数,位巍等[21] 使用 WAMIT 计算水动力参数等。

在使用上述方法求解水动力参数时,通常认为流体和固体是解耦的,以减少计算量和降低求解难度。而实际上流体和固体是一个耦合系统,研究表明,在分析浮式跨海大桥结构运动响应时不考虑流固耦合作用会带来很大的误差。Kvåle 等[11] 通过频域分析方法,考虑了由于结构运动引起的附加质量、附加阻尼变化,评估和讨论了流体-结构相互作用的阻尼贡献。

对于线性结构体系的自由振动,一种简单的求解方法是振型叠加法。由于结构自振振型与结构阻尼、外荷载无关,可以通过求解结构运动特征方程求解结构振型和自振频率[34]:

$$|\boldsymbol{K} - \omega_0^2 \boldsymbol{M}| = 0 \tag{1-5}$$

式中,ω_0 为结构的自振频率,对应的特征向量为振型,记为 φ_i。

通过求解满足外荷载要求的振型坐标,进而求得结构在外荷载作用下的振动。求解结构的振型和自振频率是浮桥设计不可或缺的步骤,其重要意义在于,在浮桥设计时通过对比结构的自振频率与环境荷载激励频率来避免结构发生共振,进而可增强结构的安全性。

对于非线性结构体系或大型结构,结构运动方程均可以通过空间、时间离散得到数值近似解。如果结构动力分析所涉及的物理量都是时间的函数,称上述计算方法为时域计算方法。如果用 Fourier 变换方法,将各个物理量变换为频率的函数,在频域求解运动方程,此时称为频域计算方法。频域计算方法较时域计算方法在计算效率上有明显优势,在解决规则荷载问题、大刚度结构问题等较为简单的问题中得到广泛的应用[35]。时域计算方法在解决非线性问题中具有明显优势,对结构的时域分析一般采用逐步积分法,常见的时域分析法包括平均加速法、Newmark 法、Houbolt 法、Gurtin 法、Wilson-θ 法、Park 法[36]等。

在实际情况中,当海浪从开阔海域传播经过峡湾、岛屿时,波浪场会变得不均匀[37-38],而在这种不均匀波浪场中,其波浪作用下的浮体结构响应要比均匀波条件下大很多[39]。在这些情况下,基于卷积原理的时域计算方法更加合适。Wei 等[16]基于多刚体动力学方法和 Cummins 方程[40],结合 Euler-Bernoulli 梁理论和 St. Venant 扭转理论考虑连接梁刚度,提出了一种非均匀波作用下曲线浮桥线弹性水动力响应的时域数值分析方法,这种时域方法得到了许多应用。

另外,作为一种超大型浮式结构(VLFS),浮桥通常配备系泊系统来完成通载功能。系泊系统的设置可以有效地提高桥梁的附加刚度,增加桥梁结构的黏性流体阻尼,从而提高浮桥在极端海况下的生存能力和稳定性。除浮桥结构外,尽管已有大量海上浮式结构与系泊系统耦合作用的文献,但由于浮桥结构的复杂性及浮桥与系泊系统耦合给数值计算带来的挑战,目前对浮桥的数值研究中还是很少考虑系泊系统与浮桥结构的相互作用问题。不过,这些非浮桥的海洋结构物或超大型浮式结构系泊系统的研究成果对浮桥系泊系统的研究具有一定指导价值。系泊系统的数学模型可分为静态模型、准静态模型和动态模型三类[41]。当采用准静态模型时,系泊线通常被建模为线弹性杆单元或悬链线。Dai 等[20]将系泊缆建模为具有几何刚度的线性杆单元,并计算了直线型侧锚浮桥在非均匀波浪荷载下的动态响应。Shen 等[42]在研究浮式平台系泊系统参数时,将系泊系统建模为弹性系泊绳。Ni 等[43]在考虑系泊系统和超大浮式平台耦合分析中,根据悬链线方程,采用准静态方法计算系泊张力。Montasir 等[44]在优化桁架式单柱式平台(SPAR)的系泊系统时,使用准静态方法评估系泊恢复力-位移关系。由于准静态方法假设系统的运动在两个静态位置之间是均匀的和线性的,在给定的时间步长内,系统上的荷载是恒定的。通常认为,结构运动速度小于波浪传播速度时,准静态模型可以得到与动态模型相似的结果,节省大量的计算资源[45]。但这种方法将动态模型简化,会引起误差。Yang 等[46]的计算结果表明，准静态模型与动态模型计算结果存在较大差异。因此，有必要在浮桥数值模拟研究中，引入系泊系统的动态模型以提高数值模拟结果的准确性，特别是在大海况中更有必要采用动态模型。

　　建立能够准确反映浮桥物理特性的数学模型在浮桥设计过程中起着至关重要的作用。数学模型需要能够准确预测浮桥结构以及系泊系统的静水平衡状态和变化过程中的环境要素荷载引起的动力响应。最近对浮桥的研究主要集中于如何发展一个更能真实反映浮桥响应特性的模型理论。而通过上述文献回顾可以发现，大多数研究都是基于势流理论的方法考虑流体，假定了波浪和支撑浮桥的浮箱间非线性相互作用很小，也不考虑波浪破碎和越浪的影响，从而无法获得精确的数值结果。边界层分离、湍流、波浪破碎和越浪的黏性影响对精确预测浮桥结构水动力特性非常重要[47]。而势流理论方法无法捕捉到这些影响，就需要采用更先进的数学模型方法。

　　计算流体力学（Computational Fluid Dynamics，CFD）方法，如 Navier-Stokes 方程法（Navier Stokes Equation Method，NSEM），直接包含与浮式结构和流体相关的大部分物理效应，并可以捕获这些黏性等非线性效应[9]。Agamloh 等[48]基于雷诺时均 Navier-Stokes（Reynolds Averaged Navier Stokes，RANS）方程，研究了具有动力输出系统（Power Take-off，PTO）的垂荡浮体与波浪之间的相互作用。虽然装置简单，但证明了用 CFD 方法模拟浮体与波浪相互作用的可行性。Moctar 等[49]基于 RANS 方程，使用流体体积函数 VOF（Volume of Fluid）方法模拟自由表面，并结合有限元方法（FEM），模拟波浪-结构相互作用，以分析异常波浪下平台上的波浪荷载。结果表明，使用 RANS 的意义是考虑波浪爬升和波浪冲击荷载对平台荷载的影响；特别是对于大浪和破碎波，Morrison 方法[4,13]和 RANS 方法获得的剪力和倾覆力矩差异高达 25%。Chen 等[50-53]和 Yu 等[54]的研究采用同样的方法应用于求解筏式波浪能耗散装置、点式波浪能发电装置和筏摆混合式波浪能转换装置的性能研究，发现考虑流体黏性和忽略黏性所引起的波浪能俘获宽度比或波浪能耗散率差异在越接近装置共振时差异越大，最高的达19%[55]。由于浮桥结构比浮式波浪能俘获结构更加复杂，由此所带来的挑战性就更大，主要表现在：①与筏式波浪能利用装置结构相比，浮桥系统规模更大、具有更多的浮体和连接件，浮桥中的浮体结构越多，可靠性方面的风险就越高；②与其他多体浮式系统（如筏式波浪能俘获或消能装置）相比，浮桥结构更宽，由于水位随时变动,浮桥吃水深随之改变,进而引起浮桥动力和静力特性瞬变。尽管 RANS 方程已广泛应用于海洋浮式结构物与流体之间动力相互作用的研究,但据了解,使用 NSEM 对多浮体系统中的流固耦合进行的研究很少,并且 NSEM 还没有应用于带有多系泊系统和多连接件的复杂浮桥结构。应用 NSEM 解决浮桥结构-流体耦合问题,采用海洋动环境中的紊流理论和非线性多结构体运动方程,当海况较大非线性因素进入实际问题时,应用结构化网格的动网格技术或重叠网格技术更新浮体位置和流体网格,以实现流体与结构之间的全耦合[55],从而更好地考虑湍流、波浪破碎、越浪等非线性作用的影响,更好厘清流体与结构的相互作用机理,解决应用于系泊浮桥的多维(三维)、多相(气相与液相)、多体全耦合模拟技术的研究空白,为海上浮式跨海大桥的设计提供理论基础。

1.2 浮桥的应用现状

浮式跨海/江/河/湖桥梁的历史非常悠久。《诗经》有云:"亲迎于渭,造舟为梁",是关于浮桥最早的文字记载。在这漫长的历史中,浮桥长期被用作临时补给或军事战备的需要[56-57],如著名的蒲津浮桥[57]。最近 30 年来,随着社会经济的快速发展和跨海互联互通需求的不断增加,浮桥开始应用到现代基础设施建设中来,以解决跨越宽而深邃的峡湾或海峡的问题,其技术随之得到迅速发展。因此,它可以作为现代基础设施的重要组成部分。尽管如此,浮桥的技术资料与包括斜拉桥和悬索桥在内的陆上桥梁相比实在是相形见绌且非常有限[58],尤其是其施工记录、环境条件、耐久性、运行和性能参数方面的数据更是缺乏。目前,全世界范围内长浮桥的数量非常有限,仅有 20 座左右,这种现状就是对浮桥资料短缺这一事实的诠释。

浮桥的结构形式多样,根据浮桥用途及地理环境条件的不同,往往采用不同的结构形式。总体上,浮桥可分为水中部分、过渡部分及岸边部分三大部分,其中水中部分和过渡部分是设计的主体。

相较于传统桩基础式跨海桥梁,浮桥具有明显的优势:受水深影响小,使桥梁跨越宽广深邃峡湾成为可能;受河床、海床土质影响小;建设周期短;建设成本低;对工程周围生态环境影响小。同时,作为大型永久性浮桥,相较于传统桥梁和小型临时浮桥,面临许多要求与挑战:设计浮桥时应当使结构自振频率尽量避开环境要素频率(海浪、风、地震等),避免共振;在大海况条件下,要有足够的生存能力;成本较传统桥梁要低;易于监控和维护;由于通车的缘故,浮体桥梁结构的振动位移要控制在一定的范围内。Moe 概述了浮桥的设计理念,明确传统桥梁工程规范并不能直接适用于浮桥工程[59],指出一旦编制出浮桥设计规范,将大大减少其规划阶段的工作量,增强浮桥在许多替代桥梁方案上所具有的潜在经济优势。从更广的视角来看,开发模拟浮桥性能的统一、有效、可靠的方法是浮桥研究的主要目标。

国外大型浮桥多集中在美国(华盛顿湖 1 号桥/2 号桥/3 号桥、Hood Canal 桥、华盛顿湖 SR520 浮桥)、圭亚那(Demerara 海港大桥、Berbice 桥)、加拿大(Bennett 桥)、挪威(Bergsøysund 桥、Nordhordland 桥)、日本(Yumemai 桥)等地(图 1-1 ~ 图 1-11),其应用情况梳理见表 1-1。

图 1-1　华盛顿湖 1 号桥(1940 年建成)

图 1-2　华盛顿湖 2 号桥(1963 年建成)

图1-3　华盛顿湖3号桥(1989年建成)

图1-4　美国Hood Canal桥(1979年受损沉没,1983年重建)

a)桥面布置

图　1-5

b)横向布置

图 1-5　西雅图常青点浮桥(华盛顿湖二桥)

图 1-6　圭亚那 Demerara 海港大桥

图 1-7　圭亚那 Berbice 桥

图 1-8　加拿大 Bennett 桥

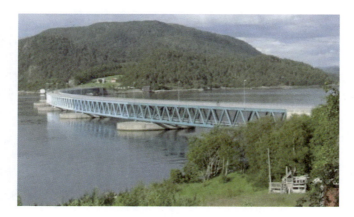

图 1-9　挪威 Bergsøysund 桥

图 1-10　挪威 Nordhordland 桥

图 1-11　日本 Yumemai 桥

表1-1 大型浮桥应用情况一览表[9,57]

项目		美国华盛顿湖1号桥	美国Hood Canal桥	美国华盛顿湖2号桥	圭亚那Demerara海港大桥	美国华盛顿湖3号桥	挪威Bergsøysund桥	挪威Nordhordland桥	日本Yumemai桥	圭亚那Berbice桥	加拿大Bennett桥	美国华盛顿湖SR520浮桥
建成时间		1940年	1961年	1963年/2016年	1978年	1989年	1992年	1994年	2000年	2008年	2008年	2016年
桥长(m)		2018	1988	2310	1851	1771	845	1246	410	1571	890	2350
浮箱	类型	连续式	连续式	连续式	分离式	连续式	分离式	分离式	分离式	分离式	连续式	连续式
	材料	混凝土箱	混凝土箱	混凝土箱	钢箱	混凝土箱	混凝土箱	混凝土箱	混凝土箱	钢箱	混凝土箱	混凝土箱
	数量(个)	23	23	33	33	18	7	10	2	39	9	77
主梁形式		预制I梁	预制I梁	预制I梁	钢桁架梁	预制I梁	钢桁架梁	钢箱梁	钢拱	钢桁架梁	工字组合梁	预制I梁
系泊		缆索锚固	缆索锚固	缆索锚固	缆索锚固	缆索锚固	端部锚固	端部锚固	固定墩锚固	缆索锚固	缆索锚固	缆索锚固
浮体/主梁连接形式		浮体刚接，主梁连续	浮体刚接，主梁连续	浮体刚接，主梁连续	浮体与主梁刚接	浮体刚接，主梁连续	浮体与主梁刚接	浮体与主梁刚接	浮体与主梁刚接	浮体与主梁刚接	浮体刚接，主梁连续	浮体刚接，主梁连续
线形		直线	直线	直线	直线	直线	曲线，曲率半径1.3km	曲线，最小曲率半径1.7km	直线	直线	直线	直线
通航开启方式		设通航孔，不可开启	设通航孔，不可开启	设通航孔，不可开启	推拉式开启	设通航孔，不可开启	设通航孔，不可开启	设通航孔，不可开启	平转开启	设通航孔，不可开启	设通航孔，不可开启	设通航孔，不可开启
最大水深(m)		75	104	61	—	65	230	500	10	—	50	61
水位变化(m)		0.3/−0.9	3.9/−1.4	0.3/−0.9	—	0.3/−0.94	2/−2	1.6/−1.4	4.8/−0.52	—	1.2	0.3/−0.9
水流速(m/s)		—	1.3	—	—	—	1.31	1.75	0.2	—	—	—

续上表

项目	美国华盛顿湖1号桥	美国Hood Canal桥	美国华盛顿湖2号桥	圭亚那Demerara海港大桥	美国华盛顿湖3号桥	挪威Bergsøysund桥	挪威Nordhordland桥	日本Yumemai桥	圭亚那Berbice桥	加拿大Bennett桥	美国华盛顿湖SR520浮桥
设计浪高(m)	2.4	3.4	2.7	—	2.4	1.4	1.67	1.4(外海4.4)	—	—	2.7
最大波周期(m)	≤5	≤5	≤5	—	≤5	3.3~5.25	3.6~5.1	5.7~7.7	—	—	≤5
设计风速(m/s)	28	28	37	—	28	37.54	27.1	42	—	—	37
单元尺寸(m)	127×18×4.4	110×18×4.4	110×18×4.5	—	108×23×5.0	25×9×3.7	42×12.5×6.8	—	—	90×25	110×23×8.5
备注	1990年修复中意外沉没,西半部分于1993年重建,吃水2.1m	1979年西半部分沉没,吃水3.6m	吃水2.1m	贝雷桁架做主梁	吃水2.1m	分离式浮桥的代表案例	分离式浮桥的代表案例	唯一浮式拱桥	贝雷桁架做主梁	—	混凝土连续浮箱代表案例

注:我国现有浮桥的应用多为临时性渡河结构,表中未列入。

目前,挪威公共道路管理局(NPRA)正在研究挪威西海岸沿海公路 E39 号线无渡轮渡(Ferry Free)项目(简称 E39 项目)的技术解决方案(图 1-12)。这条公路从克里斯蒂安桑(Kristiansand)一直延伸到特隆赫姆(Trondheim),全长 1100km,中间横跨多个深邃宽广的峡湾。这些峡湾的无渡轮横渡建设将面临着相当大的工程挑战,而使用现有跨海大桥的技术显而易见难以或无法解决这些横渡问题。为此,提出了采用浮箱式浮桥结构来解决深邃宽广峡湾横渡的可行方案。在所有已建成的浮桥中,只有几座浮桥的上部结构是依靠离散分布的浮箱来支撑,其余的都是基于连续浮箱箱梁来承载。这些连续浮箱箱梁支撑上部结构的浮桥,大多还是通过侧面系泊来提供附加刚度。只有两座浮桥是采用大跨度端承方式:Bergsøysund 桥(图 1-13)和 Nordhordland 桥(图 1-14)。这两座浮桥都是依靠离散分布的浮箱来支撑其上部结构。

a)张力腿平台索塔斜拉浮桥

b)侧锚直线型浮桥

c)端部锚固曲线型浮桥

图 1-12　欧洲 E39 号线无渡轮项目中的浮桥方案概念设计

a)实桥立面

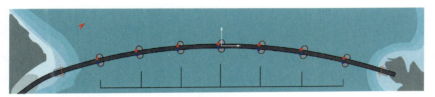

b)平面布置

图 1-13　大跨度端承方式案例——挪威 Bergsøysund 桥

图 1-14　大跨度端承方式案例——挪威 Nordhordland 桥

根据浮桥所处海峡的地形和海况的不同,可使用不同结构形式。目前,运营中的大跨梁式浮桥具有代表性的 4 个案例,分别是:

(1) 建于 1961 年的美国 Hood Canal 桥,浮桥长 2398m,锚定浮动部分长 1988m,水深 310m,它是世界上位于咸水潮盆中最长的浮桥,也是世界第三长的浮桥(图 1-15)。

图 1-15 大跨梁式浮桥案例——美国 Hood Canal 桥

(2)建于 1963 年的美国华盛顿湖 2 号桥,该桥总长 4750m,浮动部分长 2310m,由 77 个浮箱[360ft(长)×75ft(宽)×28ft(高)]支撑,是世界上最长的浮桥(图 1-16)。此桥于 2016 年被新落成的华盛顿湖 SR520 浮桥所取代,该浮桥设有 77 座固定在混凝土浮桥,湖底 58 个钢索锚拴。21 个支持桥面板和上层建筑的浮箱,尺寸 110m×23m×8.5m,承载能力 10000t。建设成本约 45 亿美元。

图 1-16 大跨梁式浮桥案例——华盛顿湖 2 号桥

(3)建于 1992 年的挪威 Bergsøysund 桥,浮桥长 931m,最大跨度 106m,桥位处水深达 230m,采用混凝土浮桥和钢桁梁,仅端部锚固,水中无锚固。

(4)建于 1994 年的挪威 Nordhordland 桥,桥位处水深达 500m,采用混凝土浮桥和钢箱梁,仅端部锚固,水中无锚固。

上述 4 座大跨度浮桥所采用的结构形式可分成两种:

(1)连续混凝土浮桥,这是多年来北美地区一直采用的浮桥结构形式[60]。

(2)离散式浮体支撑浮桥[61],这是挪威采用的浮桥结构形式。

尽管这两种形式的浮桥都已在北美和北欧地区建成并使用多年,但离散式浮桥具有较好的通航性。这是由于离散浮桥相邻浮箱间的桥面高度足以允许船舶通行,并且与连续浮箱型浮桥相比它所受的横向力明显要低。当遭遇特大海况时,这种离散浮桥更有利于避免水毁的发生。而采用连续混凝土浮体结构设计的 Hood Canal 桥,在 1979 年遭遇风暴时,其西半部分不幸发生沉没。在挪威所建的浮桥,所采用的浮箱呈简单的驳船形式[61],也有人提出使用半潜式浮箱形式[62]。

与传统的海洋结构相比,浮梁由于其固有频率在波浪激励频率范围内,其本征模态更容易被激发[63]。Arnt G. Fredriksen 等[64]研究表明,在风浪的周期范围内,优化设计很难避免桥梁梁的强轴和扭转共振。系泊系统的设置能够提高浮桥的稳定性,提高浮桥在极端环境条件下的生存能力。超大型浮式结构物(VLFS)一般都有配套的系泊系统。系泊系统由系泊线、固定器和连接器构成。

根据连接到同一结构的数量,将系泊系统分为单点系泊系统和多点系泊系统两类。下面以多点系泊系统为例,介绍不同配置的系泊系统。多点系泊系统根据系泊缆的应力状态分为张紧式[图1-17a)、b)]和悬链式[图1-17c)、e)]。张紧式系泊系统系泊缆为预应力系泊缆,可以改变张力大小来适应浮力的变化,系泊缆张力可以在一定的范围内变化。悬链式系泊系统依靠系泊缆或重物的重量来平衡浮力或提供水平恢复力。由于张紧式系泊系统系泊缆高度张紧,可以显著地减小结构物的位移,而且与悬链式相比,通常占用海床上较小的面积,减少浮式结构物的偏移。张紧式系泊系统根据系泊缆与竖向夹角可以分为张力腿式[图1-17a)]和斜拉式[图1-17b)],前者在海洋平台中得到广泛的应用。图1-17d)和图1-17e)为两种改进的多点系泊系统。图1-17d)在系泊缆上附着浮子,可以减小系泊系统对结构物的影响,使结构物尽量保持水平。图1-17e)在增加浮子的基础上增加了重力块,增加系统的几何符合性,此外,重力块也能消耗能量,提高结构物在极端海况条件下的存活能力,因此也被称为蓄能型系泊系统。

系泊缆的材料有很多种,如铁链、钢丝绳、纤维等复合材料绳索等。材料的选取决定了系泊缆的密度、刚度、阻尼等结构参数,后面章节将继续讨论。锚是系泊系统中另一个重要的组成部分,它将系泊缆固定到海底,有多种结构形式,常用的有重力锚、吸力锚和抓力锚及锚桩。

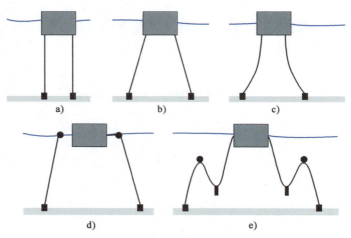

图 1-17 多点系泊系统示意图

为了提高系泊缆的性能以适应更加复杂、恶劣的海况,很多新材料、新技术逐步发展起来。Adam A. Turner[65]提出了一种新型复合系泊缆,如图 1-18 所示,该结构具有非线性滞回轴向刚度特性的一组平行增强黏弹性橡胶吊索,能够提供更高水平的顺应性,以适应涡流、波浪和潮汐高程变化,从而降低峰值荷载。Magnus J. Harrold[66]设计了液压系泊系统(IMS)(图 1-19),该系统能够实现常规设计无法实现的可变非线性系泊线刚度特性。IMS 是一种中空的编织绳,其中装有柔性的充满水的气囊。蓄能器与气囊相连,可以控制蓄能器来改变系统中的压力,从而改变系泊缆的刚度。

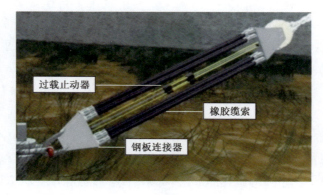

图 1-18 Adam A. Turner 提出的新型复合系泊缆[65]

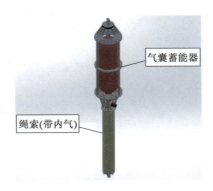

图 1-19 Magnus J. Harrold 设计的液压系泊系统[66]

1.3 结构体系与构造

在上节应用现状的基础上,本节对浮桥的结构体系及各个主要组成部分的构造进一步梳理和总结,介绍大型浮桥的施工方法。

1.3.1 结构体系

浮桥按桥跨结构不同可以分为梁式浮桥、拱式浮桥和索结构浮桥,图 1-20 所示为几种形式浮桥的代表性案例。值得注意的是,梁式浮桥在国内外应用最多,最为常见,目前已建、在规划或早期建成后拆除的浮桥中,绝大部分是梁式浮桥;拱式浮桥目前仅有日本 Yumemai 桥采用;索结构浮桥在挪威 E39 项目中有相关前期研究,目前全世界范围内无成功实施案例。

a) 梁式浮桥——挪威Nordhordland桥

b) 拱式浮桥——日本Yumemai桥

图 1-20

c) 索结构浮桥(斜拉)——挪威E39 Sognefjord大桥前期研究方案　　d) 索结构浮桥(悬索)——挪威E39 Sognefjord大桥前期研究方案

图 1-20　浮桥按桥跨结构分类案例

浮体是浮桥的核心构件，根据浮体结构是否连续，也可将浮桥分为离散式浮桥和连续式浮桥，分别对应军用舟桥中的门式舟桥和带式舟桥。两种分类的代表性案例如图 1-21 所示。浮体置于水中，受浪、流等环境条件影响显著。离散式浮桥迎水面积小，受环境作用影响小，且制造、安装灵活，应用广泛。带式舟桥的应用案例较少，代表性的有美国 20 世纪 40 年代至今修建和重建的华盛顿湖上的 4 座桥梁和 Hood Canal 桥；带式舟桥因其使用功能的不同，主要特点是结构整体化、大型化、作业机械化和快速化。

a) 离散式浮桥——挪威Nordhordland桥　　b) 离散式浮桥——某门式舟桥

c) 连续式浮桥——美国华盛顿湖SR520浮桥　　d) 连续式浮桥——某带式舟桥

图 1-21　浮桥按浮体是否连续分类案例

1.3.2 桥跨布置

由于浮桥的竖向荷载均由浮体的浮力承担,因此,上部结构越轻盈,下部浮体规模越小,造价越低。从世界范围已建成的浮桥来看,离散式浮桥均采用钢梁作为上部主梁,仅连续式浮桥——美国华盛顿湖 SR520 浮桥采用混凝土预制梁。这是因为离散式浮桥的浮体结构尺寸普遍在 20～30m 以上,为保证一定的经济性,浮体间距(跨径)一般都在 100m 以上,为适用该种跨径,可选的梁式结构只有钢箱梁和钢桁梁,两者的代表案例分别是挪威的 Nordhordland 桥和 Bergsøysund 桥;而华盛顿湖 SR520 浮桥因为采用的是连续式带状浮体,对于上部主梁的跨越能力没有要求,因此选择小跨径预制混凝土梁最为经济适用。

为了便于设计和制造安装的标准化,水中部分浮桥一般采用等跨布置。在考虑通航孔部分通过变高以抬高桥面,一般采用墩身高度变化或在既有连续浮体上接柱式墩完成过渡。

由于浮桥普遍位于近海港口水域或峡湾中,通航孔的设置对于往来船舶必不可少。为降低造价并压低重心,水中梁式浮桥的桥墩普遍不高,或不设墩,主梁直接"坐"于浮体上。因此,为满足通航要求,一般在靠近岸边,即浮桥上岸位置设置一跨通航孔,根据通航净空的需要设计通航孔桥跨结构。

通航孔桥跨布置多采用固定式桥梁,即常规桥梁,通过设置固定式交界墩完成水中浮桥与固定式通航孔桥的过渡。

通过分析几个已建浮桥的通航孔布设方案(图 1-22),表明:通航等级较低时,采用梁式过渡跨直接作为通航孔,根据跨径需要可采用混凝土梁、钢梁或拱桥等;对于通航等级高的情况,采用类似挪威几个桥的左幅,即设置固定式单塔斜拉桥作为通航孔,一般桥跨采用非对称布置,将中跨作为通航孔;日本 Yumemai 桥位于港口,较为特殊,其拱下净空较大,对于常规船舶可直接通航,对于大型船舶可考虑将主桥平转开启,其即是浮桥又是转体桥(Swing Bridge)。

综上,浮式桥桥跨的布置"原则/方案"可梳理为以下几种:

(1)水中非通航区域采用离散式浮体 + 大跨径主梁,多采用钢梁。

(2)水中非通航区域采用连续式浮体 + 小跨径主梁,多采用预制混凝土梁,也可采用钢梁或组合梁。

a)加拿大Bennett桥

b)美国Hood Canal桥

c)美国Homer Hadly桥

d)挪威Bergsøysund桥

e)挪威Nordhordland桥

f)挪威E39 Bjørnafjorden桥

g)日本Yumemai桥

图1-22 浮桥桥跨布置案例

（3）靠近通航孔，可采用墩身直接抬高以适应桥面高程的变化过渡，或采用梁桥设置墩＋小跨径主梁的形式过渡。

（4）对于通航孔，根据通航等级设置固定式桥梁（可采用钢桁梁桥、混凝土梁桥、钢拱桥或斜拉桥）。

1.3.3 浮体构造

浮体构造按材料可分为混凝土浮箱和钢箱浮箱两种，其他如复合材料或工程塑料等也有采用,但多作为景区和湖泊内的景观人行桥,这里重点研究已有工程应用实例的大跨浮桥的浮体结构又称"浮箱"。浮箱多做成带隔舱和顶底板的箱形结构。

浮箱作为承受上部结构恒载和汽车荷载的主要受力构件,须保证具有一定的承载能力,即浮箱的排水重量;在保持排水重量的基础上,为保证浮桥在水动力和活载的作用下具有一定抗变形的能力,浮箱的干弦高度、轮廓尺寸、自重与上部结构的关系、重量、高度等也须满足一定要求。

此外,为保证浮箱的耐久性,浮箱内部隔舱还应保证水密性,外边面水下区、浪溅区、顶面等都应进行防腐处理;对混凝土浮箱还须在构造上对混凝土结构的裂缝宽度、拉应力限值、钢筋应力、混凝土材料的各项指标进行要求;对于有系泊需要的浮箱,还应设置专门的系泊构造,如导缆器、带缆桩(系船柱)以及多用于混凝土浮箱的内部系泊锚箱、转向器等。为改善浮箱在环境荷载作用下的稳定性,一般还在浮箱相应隔舱中增加压舱水或压舱石。

1.3.3.1 混凝土浮箱

即采用混凝土材料做顶底板和内部隔舱的浮箱,代表性的工程应用有挪威 Nordhordland 桥的"Oval(操场)"形浮箱(图 1-23),以及美国华盛顿湖大桥的连续式矩形浮箱。

图 1-23 挪威 Nordhordland 桥浮箱构造

挪威 Nordhordland 桥为离散式浮桥,其浮箱的构造与后来的钢箱浮箱是类似的,只是将传统的混凝土材质的壁板、隔板等换成了更加轻质的带肋钢板,类似船体的构造。

美国华盛顿湖大桥的浮箱构造一定程度上与沉管隧道类似(图1-24),多箱室(舱室)结构,只是浮箱不仅在横向划分箱室,在纵向也划分多个箱室。连续式浮箱的单个浮箱独立,纵向通过预应力张拉形成纵向整体。根据隔舱尺寸不同,浮箱内外壁厚也不同(15~28cm)。

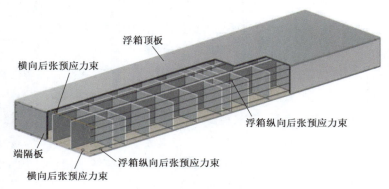

图1-24 美国华盛顿湖大桥浮箱构造

1.3.3.2 钢箱浮箱

钢箱浮箱,如前所述,其隔舱构造在总体稳定和强度的要求下,还须满足局部稳定的要求,因此内部加劲板和隔板众多,其一般构造如图1-25所示。

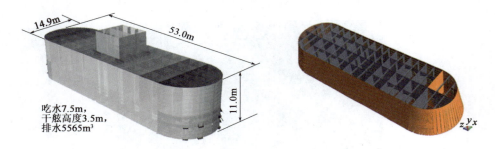

图1-25 挪威E39 Bjørnafjorden桥浮箱构造

1.3.4 系泊系统

为便于分类和介绍,这里将除了系泊缆之外的桥台或锚桩约束等也归为系泊系统。系泊缆按照几何形态与力学特性,可以分为悬链线系泊(Chain/Cable)

和张紧式系泊(Tension Leg)两大类,如图1-26所示。关于系泊系统的分类和系泊缆的材质等可参见3.4节。

a)悬链系泊　　　　　　　　　b)张紧式系泊

图1-26　几种常见系泊结构

根据系泊系统的不同,可将浮桥分为水中系泊式浮桥、水中固定式锚固浮桥和组合约束式浮桥。其中,水中系泊式浮桥根据系泊方式的不同,又可分为柔性系泊和张力腿(TLP)系泊,前者多用于海工结构中的浮式液化天然气生产储卸装置(FPSO)和半潜式平台,作为海工领域最常见的约束形式,同样适用于浮桥结构,在浮桥中应用较多;后者多用于单柱式平台(SPAR)和张力腿平台,其特点是相比于柔性系泊可适用于更深的水中(600~1200m),且在横摇、纵摇和垂荡三个自由度上有良好的响应,被公认为恶劣环境下支撑顶部张紧立管的理想平台,该构造在海洋油气领域应用较多,在浮桥上未见实桥应用,仅在E39项目的前期设计中有所研究。

每种分类的代表性案例如图1-27所示。

a)挪威Sognefjord桥——　　　b)挪威Bjørnafjorden桥——悬索桥+张力腿系泊方案
垂直张力腿系泊方案

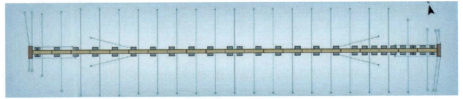

c)美国华盛顿湖SR520浮桥——纵横向锚缆多点系泊方案

图1-27

d) 肯尼亚蒙巴萨Likoni浮桥——横向系泊桩+多点锚缆系泊方案

图1-27　系泊结构的典型案例

1.3.5　主梁和墩柱

常规桥梁一般将主梁列为上部结构,墩柱作为下部结构,但在浮桥里,浮体以上的墩柱和主梁均可归为上部结构。

浮桥的主梁和墩柱设计与传统桥梁的设计类似,其主要特点在于：

(1)对于离散式浮桥,为提高浮桥浮重比,浮体上部结构优先选择轻质高强的材料。以挪威为例,目前已建成和研究中的E39项目所有浮桥方案的主梁均采用整体性、耐久性更好的钢箱梁(整体式或分离式),其跨径较大,墩柱均采用钢箱墩,也有主梁采用钢桁梁的。

(2)对于连续式浮桥,由于浮体连续,浮体浮力有所保证,且连续的浮体本身横向抗弯和扭转刚度大,上部主梁仅作为承担桥面系和活载的传力结构,以美国华盛顿湖SR520浮桥为例,上部采用小跨径预制I梁,采用混凝土柱式墩,经济性更好。

(3)对于设计高程较低的浮桥,一般直接将主梁置于浮体上,不再有独立的墩柱,但对于靠近通航孔的过渡墩,一般采用轻质钢梁和钢墩,如挪威Nordhordland桥就采用钢管柱式墩和钢板梁。

几个代表性案例的主梁与桥墩构造如图1-28所示。

1.3.6　过渡跨

过渡跨(图1-29)的设置是为了保证水中浮动部分结构与岸上固定结构的平顺过渡和衔接,但需要满足下列要求：

(1)适应高度方案的潮差,保证纵坡。

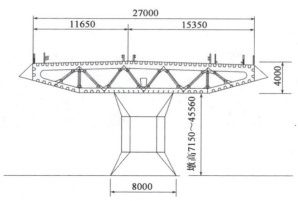

a) 挪威E39 Bjørnafjorden桥主梁与墩身构造(尺寸单位：mm)

b) 美国华盛顿湖SR520浮桥主梁与墩身构造

c) 挪威Nordhordland桥主梁与过渡墩构造

图 1-28　几个代表性案例的主梁与桥墩构造

（2）如与水中主梁断开，则仅须承担该跨竖向力，类似搭板的作用，代表案例为美国 Hood Canal 桥和华盛顿湖 SR520 浮桥、日本 Yumemai 桥。

（3）如与水中主梁刚度连续，即考虑梁端在岸上锚固时，作为主体传力结构，则应考虑承受横向和扭转等作用力，代表案例为挪威 E39 Bjørnafjorden 桥和 Nordhordland 桥，其兼顾过渡跨和通航孔的作用。

a) 美国Hood Canal桥过渡跨

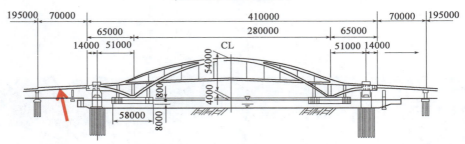

b) 日本Yumemai桥过渡跨(尺寸单位：mm)

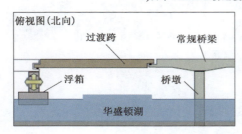
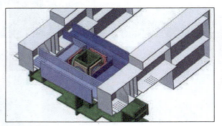

c) 美国华盛顿湖SR520浮桥过渡跨

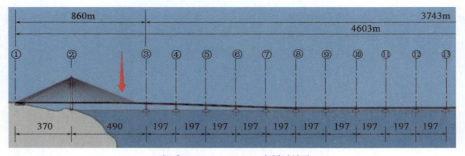

d) 挪威E39 Bjørnafjorden大桥过渡跨

图 1-29

e) 挪威Nordhordland大桥过渡跨

图1-29　几个代表性案例的过渡跨构造

1.3.7　施工方法

对于跨海或滨海浮桥，多采用类似海工油气平台或跨海沉管隧道的类似做法，即在船坞内完成钢结构或混凝土结构的浮体制造，通过拖轮浮运至桥位，对于分离式浮桥，将上部主梁与若干浮体连接成段后整体拖至桥位；对于连续式浮桥，在桥位现场将浮体系泊固定后安装浮体上部结构。不管何种方法，跨海浮桥对海上施工能力的要求均较高。

对于常规的上部钢箱梁、预制混凝土梁和固定式通航孔桥等均采用常规桥梁制造和施工方法，这里不再赘述。另外，系泊系统对于桥梁领域为一种特殊的结构，但对于海洋油气领域其较为成熟，浮桥的系泊多借鉴沿袭海工领域的方法和经验，这里不再单独阐述。

对于大型浮桥的施工，这里以两个代表性工程为案例。

1.3.7.1　挪威Nordhordland桥和E39 Bjørnafjorden桥施工方法

如图1-30和图1-31所示，两个桥的浮体结构一个采用混凝土浮箱另一个采用钢箱浮箱，两种浮箱均在干船坞内制造，完成后下水；待浮箱完成后以多个浮箱为一组将上部主梁安装就位，采用主梁将多个浮箱连成一个运输节段；拖曳至现场后，通过船机设备辅助，将节段连接、安装就位；安装系泊系统。

a) 浮体干船坞预制

b) 浮体与主梁组成大节段拖运

c) 浮体与主梁组成大节段拖运与就位

图 1-30　挪威 Nordhordland 桥的施工图

图 1-31　挪威 E39 Bjørnafjorden 桥大节段安装就位施工示意图

1.3.7.2　美国华盛顿湖 SR520 浮桥施工方法

如图 1-32 所示,该桥为连续式浮桥,浮体为混凝土浮箱,多个浮箱在船坞内预制完成后下水;将多个浮箱连接成一节节浮体节段,通过船机辅助完成节段安装;安装系泊系统,然后安装上部墩梁。

图 1-32　华盛顿湖 SR520 浮桥浮体节段安装就位

1.4　本章小结

本章首先介绍了跨海/江大桥建设的意义,然后指出了桥梁建设进入跨越深邃峡湾或海峡的新阶段,描述了在深邃峡湾或海峡建设浮桥的意义及面临的挑战。为了更好地解决浮桥的横渡问题,本章主要阐述了以下内容:

(1)在理论研究现状方面,回顾了浮式跨海大桥结构的演进和流固耦合作用模拟技术的发展,总结了两种不同浮桥结构数学模型的构建方法:将浮桥视为超大型浮式结构和多浮体系统;给出了浮桥结构的数学模型和数值方法,指出流固耦合作用对结构荷载、结构阻尼等影响不可忽略;总结了求解运动方程的频域方法和时域方法,指出时域方法在解决非线性问题时更具优势;比较了两种常用于浮桥结构中系泊系统的数值模型(准静态模型和动态模型)的优劣;阐明现有浮桥模拟技术的不足,提出需要建立黏性流体-多结构体-阻尼系统和锚泊系统耦合的数学模型;对浮式跨海大桥流固耦合作用模拟方法进行了展望。

(2)在应用现状方面,梳理了 11 座国外大型浮桥的应用情况、结构特点与环境条件。

(3)在应用现状的基础上,对于现有大型浮桥的结构体系进行了分类,对各部分构件进行了系统梳理和总结,并介绍了当前大型浮桥的施工方法。

CHAPTER 2
第2章

浮桥的海洋工程理论基础

2.1 概述

岛屿间及岛屿与大陆间的峡湾或海峡,水深达数百米甚至上千米,以现有的常规大跨径桥梁技术无法做到一跨跨越这些水域,采用传统的跨海大桥技术难以或根本无法解决这些峡湾或海峡的横渡问题。应运而生的浮筒式支撑的浮桥结构使得横跨宽广深邃的峡湾或海峡成为可能。与传统的固定式桥梁不同,浮桥属于桥梁工程和海洋工程的交叉学科范畴,既要按照桥梁工程的基本理念和方法对桥梁结构进行设计,又要按照海洋工程的方法,对浮桥的关键结构——半潜式平台或结构体进行分析。

半潜式结构体是由平台、立柱、下体或浮箱组成。平台本体高出水面一定高度,以免受波浪冲击;下体或浮箱提供主要浮力,沉没于水下以减少波浪的扰动力;平台本体与下体之间由主柱连接,具有小水线面的剖面,立柱与立柱之间相隔适当距离,以保证平台的稳性。深水区域的半潜式平台,需依靠深水锚泊系统进行定位。半潜式平台由于下体浸没在水中,其横摇与纵摇的幅度都很小,对其有较大影响的是垂荡运动。半潜式平台在波浪中的运动响应较小,在海洋工程中,不仅可用于生产平台,还可用于浮桥。

本章重点介绍了与浮桥相关的一些海洋工程理论,为后续章节做好铺垫。

2.2 节介绍了浮桥面对的基本海洋环境条件,即"风-波浪-流"的基本环境条件参数和描述方法,该部分为浮桥环境作用基本输入;2.3 节介绍了基本海洋环境条件作用于浮体结构的荷载表达形式及其主要特点;2.4 节介绍了系泊系统的主要分类、材料属性和基本悬链线方程;2.5 节分别介绍了水动力的基本分析方法。

2.2 海洋环境

2.2.1 主要环境条件

海洋工程浮体分析中主要环境条件见表 2-1。

海洋工程浮体分析中的主要环境条件　　表 2-1

环境条件	主要内容
风(Wind)	不同回归周期的极限风速
	极限风速对应的风向
	风速、风向概率分布
	风剪切
	风谱与狂风
波浪(Wave)	不同回归周期的极限海况
	极限海况对应波浪传播方向
	波高累计概率分布
	波高-周期联合概率分布
	波高-波向联合概率分布
	波浪谱与短峰波扩散函数
水面高程(Water Level)	海图水深
	高潮位
	低潮位
	风暴增水
	平均水面
流(Current)	不同回归周期的极限流速
	极限流速对应的流向

续上表

环境条件	主要内容
流(Current)	剖面流速变化及方向变化
	内波流
	环流
温度(Temperature)	最大/最小空气温度
	最大/最小海水温度
	水深剖面温度变化
海冰/降雪(Ice/Snow)	最大雪厚度
	最大冰厚度
海生物附着(Marine Growth)	类型及附着厚度
	水深
海床(Seabed Inforamtion)	海底地形地貌、坡度
	海底地质信息
盐度(Salinity)	盐度百分比

在众多环境条件因素中,风、波浪、流是浮体分析中主要的,也是影响较大的环境条件。海底地形地貌和地质情况主要影响水中基础的设置,如锚碇选型和投放定位等。水面高程、海生物附着、海冰等环境条件在一定程度上也影响着设计工作的开展。

2.2.2 风

描述风环境条件的参数主要有平均风速、风速廓线、风谱等。

(1)平均风速:一段时间内(如 3min、10min、1h 等)的风速平均值。在海洋工程领域一般以 10m 高度的平均风速作为参考。

(2)风速廓线:又称平均风速梯度或风剖面,由于粗糙度的变化,平均风速随着垂直高度而产生变化。

(3)湍流和阵风:边界层内的风速并不是定常的。由于温度、密度和地表粗糙度等多种因素的存在,使得风速在更大的频率和距离范围内呈现随机性。

风对于海洋工程结构物的荷载特点有:

(1)作用在受风结构上的平均风荷载,即静力风(平均风)。

(2)作用在受风结构上的波动风荷载,即动力风(脉动风)。

在具体分析中,对于风荷载有两种考虑方式:在稳性分析中可以将风认为是定常荷载加入计算,即静力常荷载;在运动学分析、系泊分析的计算分析中,风通常需要考虑湍流变化。图 2-1 所示为大气边界层示意图。

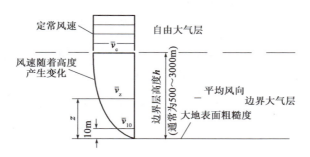

图 2-1　大气边界层示意图

$\bar{v}_c$-定常风速;$\bar{v}_z$-随高度变化的风速;$\bar{v}_{10}$-距地面 10m 高度处的风速;z-距离地面的高度

2.2.2.1　风速的统计分布

风速的统计分为短期分布和长期分布,长期分布一般指 10 年或者更长时间内风速的分布情况,在统计中风速一般以地面或水面以上 10m 高度位置的 10min 平均风速 U_{10} 来表达,其风速变化标准差以 σ_U 表示。

当以双参数 Weibull 分布来表示风速的长期变化时,其表达式为:

$$F_{U_{10}}(u) = 1 - \exp\left[-\left(\frac{u}{A}\right)^k\right] \tag{2-1}$$

式中,A 为尺度参数(m/s);k 为形状参数;u 为实测期间的风速(m/s)。

根据海上风机设计经验,50 年一遇 10min 平均风速近似为一年一遇 10min 平均风速的 1.25 倍,是年平均风速的 5~6 倍。在受强热带气旋影响的地区,这一比例有可能升高到 8 倍。

2.2.2.2　风速廓线、风速平均周期/高度转换

风速廓线描述风速随着高度的变化,是高度的函数,其表达式为:

$$U(z) = U(H)\left(\frac{z}{H}\right)^\alpha \tag{2-2}$$

α 是空气层与大地/海面交界处粗糙度的函数,在海上一般情况下可认为 α = 0.14;对于开敞海域且有波浪的情况,α = 0.11~0.12;对于陆地具有零星建

筑物的情况，$\alpha=0.16$；对于城市中心，$\alpha=0.4$。

由于计算分析的需要，往往要将风速进行不同平均周期与参考高度的转换，具体转换可参考下式：

$$U(T,z) = U_{10}\left(1 + 0.137\ln\frac{z}{H} - 0.047\ln\frac{T}{T_{10}}\right) \tag{2-3}$$

式中，U_{10} 为 10m 高处（$H=10\text{m}$）的 10min 平均风速（m/s）；T、T_{10} 分别为高度 z 处的平均周期（s）、高度 10m 处的平均周期（s）；z 为距离地面/海平面的高度（m）。

2.2.2.3 湍流强度与风谱

10min 平均风速 U_{10} 下的波动标准差 σ_U 与平均风速的比值称为湍流强度。

对于海洋工程设计分析，一般使用海面以上 10m 高处的 1h 平均风速并配以时变分量，以风谱的形式从能量的角度来描述风对于海洋工程结构物的影响。

当前被海洋工程界广泛使用的风谱主要是 API（American Petroleum Institute）风谱和 NPD（Norwegian Petroleum Directorate）风谱。API 风谱发表于 API RP 2A 的早期版本中。在 API RP 2A 的最新版本中，NPD 风谱取代了 API 风谱，但 NPD 风谱在描述阵风周期大于 500s 的风况时，具有较大的不确定性。虽然 NPD 风谱成为 API 推荐风谱，但在具体使用中也应对采用哪种风谱加以权衡。

(1) NPD 风谱。

海平面以上 z 米处的 1h 平均风速 $U(z)$ 为：

$$U(z) = U_{10}\left[1 + C\ln\left(\frac{z}{10}\right)\right] \tag{2-4}$$

其中

$$C = 0.0573\sqrt{1 + 0.15 U_{10}} \tag{2-5}$$

式中，$U(z)$ 为海平面以上 z 米的 1h 平均风速；U_{10} 为海平面（MWL）以上 10m 处的 1h 平均风速。

NPD 风谱描述了某点处纵向风速能量密度的波动，其表达式为：

$$S_{\text{NPD}}(f) = \frac{320\left(\frac{U_0}{10}\right)^2 \left(\frac{z}{10}\right)^{0.45}}{\left(1 + \chi^{0.468}\right)^{3.561}} \tag{2-6}$$

$$\chi = 172 f \left(\frac{z}{10}\right)^{2/3} \left(\frac{U_{10}}{10}\right)^{-0.75}$$

式中，$S_{\mathrm{NPD}}(f)$ 为频率 f 的能量谱密度（$\mathrm{m^2/s}$）；f 为频率（Hz）。

（2）API 风谱。

API 风谱表达式为：

$$S_{\mathrm{API}}(f) = \frac{\sigma(z)^2}{f_{\mathrm{p}}\left(1 + 1.5\dfrac{f}{f_{\mathrm{p}}}\right)^{5/3}} \tag{2-7}$$

$$f_{\mathrm{p}} = 0.025\frac{U_{10}}{10}\left(\frac{2}{10}\right)^{0.125}$$

$$\sigma(z) = \begin{cases} 0.15 U_{10} \left(\dfrac{z}{10}\right)^{0.125} \left(\dfrac{z}{10}\right)^{-0.125} & (z \leqslant 20\mathrm{m}) \\ 0.15 U_{10} \left(\dfrac{z}{10}\right)^{0.125} \left(\dfrac{z}{10}\right)^{-0.275} & (z \leqslant 20\mathrm{m}) \end{cases}$$

式中，$S_{\mathrm{API}}(f)$ 为频率 f 的能量谱密度（$\mathrm{m^2/s}$）；f 为频率（Hz）；U_{10} 为海平面以上 10m 处的 1h 平均风速。

2.2.3 波浪

2.2.3.1 波浪的要素与分级

海洋中的水体波动现象由多种自然因素导致，包括风、气压、引潮力以及海底的火山爆发、海底地震等。按照波浪恢复力特征，可以将波浪按照周期长短划分为如下几类：

（1）潮波：1d 或 1/4d，主要由太阳或月球引力引起。

（2）海啸：周期 20min 左右，由海底地震或火山爆发引起。

（3）海湾中的假潮：在湖泊及封闭海区中，由于风及大气压力分布的变化及地区局部条件等原因使水域产生水体堆积，当该动力因素消失后，水面在重力作用下力图恢复到原来的平衡状态，周期为几个小时。

（4）风浪：由风扰动与海面产生能量交换所产生的波浪，典型周期为 4~12s。

(5)表面毛细波:周期小于 1s,阵风拂过平静湖面产生。

图 2-2 所示为表面波中的能量分布以及典型周期。

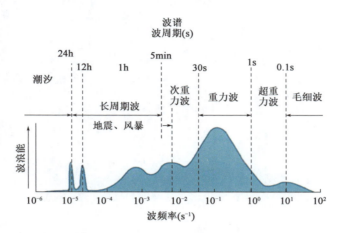

图 2-2　表面波中的能量分布以及典型周期

从能量分布角度来看,由风扰动产生的波浪是波浪中能量最集中的区域,也是对海洋工程结构物影响最频繁的,风扰动产生的波浪包括风浪和涌浪。

(1)风浪(Wind Sea):在风力直接作用下产生的并且在风力持续作用下向前传播的波浪。风浪在风的持续作用下波面粗糙,向风面与背风面不对称。

(2)涌浪(Swell):风力减弱或停止后,依靠惯性力进行传播的波浪。在传播过程中短周期的能量成分消散,长周期的能量成分得以保留。

海上波浪实际上是不规则的,它们是由各种不同波长、波高和陡度的波组成的。经观测统计表明,其中有 1/10 波的波高是平均波高的 2 倍,称之为最大波高(H_w/10)、1/10 大波平均波高或显著波高;有 1/3 波的波高是平均波高的 1.6 倍,称之为三一平均波高、有义波高(H_w/3、H_s)或有效波高(Significant Wave Height)。人们在海上目测的波高很接近有义波高。将给定波列中的波周期由大到小依次排列,其中最大的 1/3 部分波周期的平均值称为"有效波周期"或"有义周期"(T_p)。

在工程与航海实践中,为了直观地判断海况严重程度,各国都推出过风级-波级对照参数表,其中最广泛使用的是蒲氏风级表(Beaufort Scale)。蒲氏风级对应风速与有义波高见表 2-2。

蒲氏风级对应风速与有义波高　　　　　表 2-2

蒲氏风级	名称	风速		有义波高(m)	
		m/s	kn	北大西洋及北太平洋开敞海域	北海海域
0	无风	0～0.3	<1	0.00	0.00
1	软风	0.3～1.6	1～4	1.10	0.50
2	轻风	1.6～3.4	4～7	1.20	0.65
3	微风	3.4～5.5	7～11	1.40	0.80
4	和风	5.5～8.0	11～17	1.70	1.10
5	劲风	8.0～10.8	17～22	2.15	1.65
6	强风	10.8～13.9	22～28	2.90	2.50
7	疾风	13.9～17.2	28～34	3.75	3.60
8	大风	17.2～20.8	34～41	4.90	4.85
9	烈风	20.8～24.5	41～48	6.10	6.10
10	狂风	24.5～28.5	48～56	7.45	7.45
11	暴风	28.5～32.7	56～64	8.70	8.70
12	飓风	>32.7	>64	>10.25	>10.50

2.2.3.2 线性规则波

规则波波浪的主要要素有：

(1) 波高 H，即相邻波峰顶与波谷底之间的垂向距离，$H=2A$（A 为幅值）；

(2) 周期 T，即相邻波峰经过一点的时间间隔；

(3) 波浪圆频率周期 ω，$\omega = 2\pi/T$；

(4) 波长 λ，即相邻波峰顶之间的水平距离；

(5) 波速 c，即波形移动的速度，等于波长(λ)除以周期(T)，$c = \lambda/T$；

(6) 波数 k，$k = 2\pi/\lambda$；

(7) 色散关系，$\omega^2 = gk\tanh(kh)$，其中 h 为水深，深水条件下公式可简化为 $\omega^2 = gk$（g 为重力加速度）；

(8) 波陡 S，为波高与波长之比，$S = 2\pi \dfrac{H}{gT^2}$；

(9) 浅水波参数 μ，$\mu = 2\pi \dfrac{d}{gT^2}$（$d$ 为水深）；

(10) 厄塞尔数 U_R，$U_R = \dfrac{H\lambda^2}{d^3}$。

以上这些参数是研究规则波的基本参数，也是工程中经常使用的判断依据（图2-3）。例如判断特定水深下规则波波长与周期的关系，需要使用色散关系；判断是否为浅水区，需要根据浅水波参数来进行判断；判断波浪是否会破碎，需要根据波陡的计算结果来推断等。

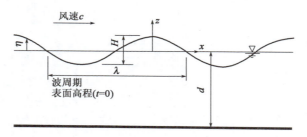

图 2-3 规则波参数

艾立波（Airy Wave）有如下假设：相比于波长和水深，规则波的波幅 A 较小，波峰至水面的距离与波谷至水面的距离是相等的，即波高 $H = 2A$。

对于艾立波，其波面的表达式为：

$$\eta(x,y,t) = \dfrac{H}{2}\cos(\omega t - kx) \tag{2-8}$$

式中，$\eta(x,y,t)$ 指波面至静水面的垂直距离。

2.2.3.3 斯托克斯波（Stokes Wave）

斯托克斯波是对线性波的幂函数展开，一阶斯托克斯波与艾立波接近（图2-4），在深水条件下，二阶斯托克斯波的表达式可以写为：

$$\eta = \dfrac{1}{2}A^2 k\cos[2(kx - \omega t)] + A\cos(\omega t - kx) \tag{2-9}$$

将深水条件下波高为 1m，周期为 4s 时的艾立波与二阶斯托克斯波进行波面比较，可以发现二阶斯托克斯波波峰尖、波谷坦，是更接近真实波浪传播特征的"坦谷波"。

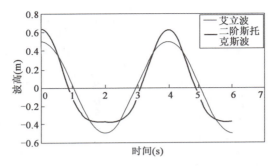

图2-4 艾立波与二阶斯托克斯波的波面比较

2.2.3.4 流函数(Stream Function Wave)

流函数具有广泛的适用范围,其表达式为:

$$\psi(x,z) = \sum_{n=1}^{N} X_n \sinh[nk(z+d)]\cos(nkx) \quad (2\text{-}10)$$

式中,X_n 为流函数系数;n 为流函数的阶数,阶数取决于波陡 S 和浅水波参数 μ。在实际使用中,波浪越接近破碎,进行模拟所需要的流函数阶数越多。由于流函数能够较好地适应深水和浅水波浪模拟要求,因而在工程中的应用较为广泛。

2.2.3.5 不同规则波理论适用范围

不同的规则波理论有不同的适用范围,整体而言:
(1)艾立波适用于深水、中等水深,适用于波陡较小的情况;
(2)斯托克斯波适用于波陡较大的深水波浪模拟;
(3)流函数适应能力最好,但越接近破碎极限,需要的阶数越高。

2.2.3.6 不规则波及其要素

实际海况中的波浪峰谷参差不齐,并不具备严格的周期,很难用一个波高来对海况进行定义,这时需要使用不规则波理论来近似地表达真实的海况。线性长峰不规则波可以用式(2-11)表达:

$$\eta(t) = \sum_{k=1}^{N} A_k \cos(\omega_k t + \varepsilon_k) \quad (2\text{-}11)$$

$\eta(t)$ 为 t 时刻的波面至静水面的垂直距离。

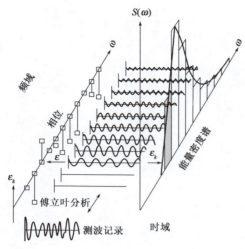

不规则波是由许多个不同波高、相位的规则波组成，如图 2-5 所示。式(2-11)中的 ε_k 为对应 k 个规则波的相位，随机分布在 $0 \sim 2\pi$ 之间；A_k 为不同规则波成分，是符合瑞利分布的随机波幅。波幅的能量分布满足：

$$S(\omega) = \sum_{\omega}^{\omega+\Delta\omega} \frac{1}{2} A_n / \Delta\omega \quad (2-12)$$

$S(\omega)$ 为波浪谱；各成分波的频率间隔 $\Delta\omega$ 由不规则波持续时长(t)决定，$\Delta\omega = 2\pi/t$。

如图 2-6 所示为不规则波的时间序列。

图 2-5　不规则波的合成

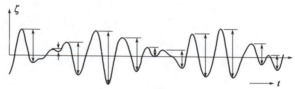

图 2-6　不规则波的时间序列

2.2.3.7　波浪谱

工程界使用波浪谱的方式从能量分布的角度来模拟不规则海况。常用的波浪谱主要有以下几种。

（1）Pierson-Moskowitz，PM 谱

PM 谱表达式为：

$$S_{\text{PM}}(\omega) = \frac{5}{16} H_s^2 \omega_p^4 \omega^{-5} \exp\left[-\frac{5}{4}\left(\frac{\omega}{\omega_p}\right)^{-4}\right] \quad (2-13)$$

式中，H_s 为有义波高；$\omega_p = 2\pi/T_p$，T_p 为谱峰周期。PM 谱是单参数谱，由 T_p 决定谱形状。

（2）JONSWAP 谱

JONSWAP 全称为 JOint North Sea WAve Project，本质上是 PM 谱的变形，表达式为：

$$S_{\text{JON}}(\omega) = AS_{\text{PM}}(\omega)\gamma^{\exp\left[-0.5\left(\frac{\omega-\omega_{\text{P}}}{\sigma\omega_{\text{P}}}\right)^2\right]} \tag{2-14}$$

式中,γ 为 JONSWAP 谱中的峰值增强因子,用来表示能量谱在主频附近的峰度,通常取为 3.3,表示强风条件下的能量集中程度,当 $\gamma = 1$ 时,JONSWAP 谱等效于 PM 谱;σ 为形状参数,用来调整谱型参数,当波浪频率 ω 大于 ω_{p} 时 $\sigma = 0.09$,反之,$\sigma = 0.07$;$A = 1 - 0.287\ln\gamma$ 为无因次参数;ω_{p} 为峰值频率。JONSWAP 谱是三参数谱,由 H_{s}、T_{p}、γ 共同决定。

(3) Ochi-Hubble 谱

对于风浪和涌浪显著并存的海况,其共同的有义波高 H_{s} 为风浪有义波高 $H_{\text{s,windsea}}$ 与涌浪有义波高 $H_{\text{s,swell}}$ 的组合,即:

$$H_{\text{s}} = \sqrt{H_{\text{s,windsea}}^2 + H_{\text{s,swell}}^2} \tag{2-15}$$

Ochi-Hubble 谱是将风浪、涌浪的影响共同考虑(二者均为 Gamma 分布)的三参数双峰谱,本质上是两个 PM 谱的叠加,如图 2-7 所示。其三个参数主要是 $H_{\text{s1~2}}$、$T_{\text{z1~2}}$ 以及 $\lambda_{1~2}$。

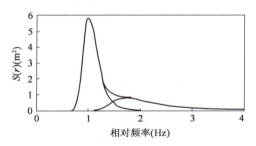

图 2-7 Ochi-Hubble 谱

(4) Gaussian Swell 谱

Gaussian Swell 谱是用来描述海况中具有明显涌浪环境的三参数谱,其表达式为:

$$S_{\text{S}}(\omega) = \frac{1}{\sqrt{2\pi}\sigma}\left(\frac{H_{\text{s}}}{4}\right)^2 \exp\left[-\frac{1}{2\sigma^2}\left(\frac{1}{T} - \frac{1}{T_{\text{P}}}\right)^2\right] \tag{2-16}$$

Gaussian Swell 谱中的 σ 参数由下式求得:

$$\sigma = \sqrt{\omega_{\text{z}}^2 + \omega_{\text{sw}}^2}$$

式中,ω_{z} 为涌浪平均跨零频谱;ω_{sw} 为涌浪的谱峰频率。一般而言 σ 值在 0.005~0.02 之间。

2.2.4 流

2.2.4.1 流的主要类型

流的主要类型有以下几种：

(1) 风生流。由风曳力和大气层压力梯度差产生的海面表层水体流动。

(2) 潮流。由天体引力引起的潮汐所带来的稳定周期水体流动。

(3) 大洋环流。行星风带持续作用在各大洋产生的稳定水体流动循环。

(4) 内波流。由海水密度不均匀产生的内波所带来的水体流动，可能引起水体流动方向相反。

(5) 涡流。发生在大洋西岸，随着地球自转效应引起大洋环流西部强化现象，属于典型的暖流（黑潮和湾流），厚度可达200～500m，流速达到2m/s以上，是地球上最强大的海流。

(6) 沿岸流：沿岸流是大体与海岸线走势相平行的定向流。它的成因比较复杂，首先，盛行风是主要影响因素，风力驱动海水沿着海岸线流动。其次，风浪的折射也起着重要作用，当风向与海岸线斜交时，风浪会被折射，形成沿岸方向的水流。再者，河流入海造成的海水密度变化也能促使水团的形成和移动动，特别是在河流入海口附近，这种效应尤为显著。

2.2.4.2 流速的描述

流速通常是随着水深变化而变化，一般近水面流速高，随着水深的增加，流速逐渐减小。多数情况下，流速可以认为方向稳定、流速量级稳定、速度大小随着水深增大而递减。一般流速的表达式为：

$$v_C(z) = v_{C,\text{wind}}(z) + v_{C,\text{tide}}(z) + v_{C,\text{circ}}(z) + \cdots \qquad (2-17)$$

式中，$v_{C,\text{wind}}(z)$为风生流在某一水深位置的流速分量；$v_{C,\text{tide}}(z)$为潮流在某一水深位置的流速分量；$v_{C,\text{circ}}(z)$为环流在某一水深位置的流速分量。

2.2.4.3 流速剖面

(1) 潮流

受到潮流影响较明显的浅水海域，一般可以以幂函数形式表达流速随着水深增大所产生的变化趋势：

$$v_{C,\text{tide}}(z) = v_{C,\text{tide}}(0)\left(\frac{d+z}{d}\right)^{1/7} \tag{2-18}$$

式中，$v_{C,\text{tide}}(0)$ 为潮流在水面处的速度。

(2) 风生流

对于风生流，可以以线性表达式的形式来表达风生流的流速剖面：

$$v_{C,\text{wind}}(z) = v_{C,\text{wind}}(0)\left(\frac{d_0+z}{d_0}\right) \tag{2-19}$$

式中，d_0 为风生流衰减至 0 的水深位置。DNV RP C205 对 d_0 的定义为 50m。

对于深水开敞海区，风生流可以式(2-20)近似估算：

$$v_{C,\text{wind}}(z) = kU_{1\text{hour}} \tag{2-20}$$

式中，$U_{1\text{hour}}$ 为 10m 高处 1h 平均风速；$k = 0.015 \sim 0.03$。

(3) 内波流

在某些受到内波影响的海域，其流速剖面往往更加复杂，甚至会出现某个水深位置上下流速相反的现象。

2.2.4.4 波流耦合的影响

波流耦合作用产生的影响主要有：

(1) 流速与波浪的共同作用产生较大的瞬时水质点运动，进而产生较大的拖曳力，对于小尺度结构物产生较大的荷载。

(2) 流和波浪共同存在时，基于多普勒效应，当流与波浪传播方向一致时，波速在流速的贡献下加大，波浪周期变大，波陡变缓；当流与波浪传播方向相反时，波浪周期变小，波陡变大。

(3) 对于不规则波浪，流对于海况的影响更多的是改变了波浪能量的分布。对于同一个波浪谱，当流与波浪方向一致时，波长变长，波浪能量范围变大，谱峰变小；当流与波浪方向相反时，波长小，波浪能量范围变窄，谱峰增大。

(4) 波浪与流向斜向相交时，波浪的传播方向会发生改变折射。

较强的流速与波陡较大的波浪之间的耦合作用必须予以考虑。

2.2.5 设计水位

设计水位的变化主要受到潮位和风暴增水的影响。

(1) 风暴增水(Storm Surge)。风暴增水即"风暴潮",也称为"气象海啸",是一种由热带气旋(例如台风、飓风等)、温带气旋或强冷锋等天气系统的强风作用和气压骤变所引起的海面水位高度异常升降现象。

(2) 天文潮(Astronomical Tide)。天文潮是地球上海洋水体受月球和太阳引潮力作用所产生的潮汐现象。天文潮的高潮位和低潮位以及出现时间具有规律性,可以根据月球、太阳和地球在天体中相互运行的规律进行推算和预报。天文潮分为正天文潮(HAT)和负天文潮(LAT)。

不同水位对应的是不同水位影响因素的组合,如图 2-8 所示。一般分为以下三种:

(1) 平均静水水位(Mean Sea Level)。位于 HAT 和 LAT 之间的平均水位。

(2) 风暴增水(Storm Surge)。正确预报风暴增水需要长期的观测数据支持。

(3) 最大/最小静水位(Max/Min Still Water Level)。符合设计重现期要求的最高/最低天文潮与正/负风暴增水的组合。

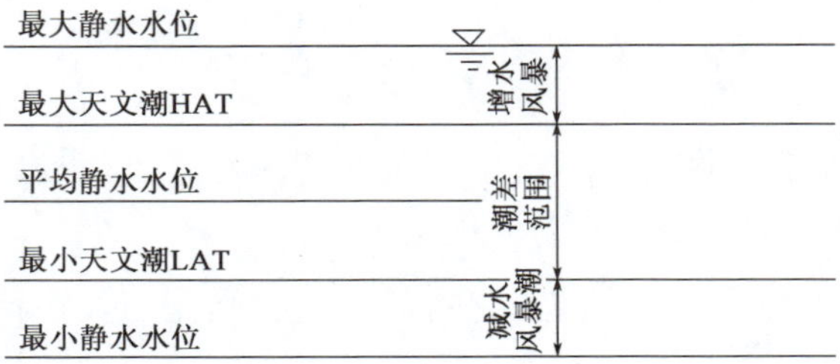

图 2-8 设计水位

在深水浮体分析中,水位的变化量相比于水深而言量级较小,往往可以忽略。当处于浅水条件时,服役和工作环境的浮式结构物在波浪作用下所产生荷载响应特征具有明显变化,同时,浅水条件下波浪的传播特性与深水条件也存在差异,因而在浅水条件下,需要充分考虑水位变化对于浮体所带来的影响。

2.3 环境荷载

2.3.1 风荷载

(1) 风压

基本风压由下式定义：

$$q = \frac{1}{2}\rho_a U_{t,z}^2 \tag{2-21}$$

式中，q 为基本风压(Pa)；ρ_a 为空气密度(kg/m³)；$U_{t,z}$ 为平均时间 t 内高度 z 处对应的平均风速(m/s)。

(2) 风作用力

风作用力(F_w)可由下式定义：

$$F_w = q \sum_1^n C_z C_s A_n \tag{2-22}$$

式中，q 为基本风压(Pa)；C_z 为受风结构高度系数；C_s 为构件形状系数；A_n 为受风力部件的迎风面积(m²)。

2.3.2 波流荷载

2.3.2.1 浮体动力学方程

单自由度刚体自由振动时其动力学方程为：

$$(M + \Delta M)\ddot{X} + B\dot{X} + KX = 0 \tag{2-23}$$

式中，M 为刚体对应自由度的质量或惯性质量(kg)；ΔM 为刚体对应自由度的附加质量或附加质量惯性质量(kg)；B 为阻尼 N/(m/s)；K 为刚体对应自由度的恢复刚度(N/m)。

式(2-23)每一项都除以 $M + \Delta M$，则变为：

$$\ddot{X} + 2\xi\lambda \dot{X} + \lambda^2 X = 0 \tag{2-24}$$

式中，ξ 为无量纲阻尼比，$\xi = B/[2(M+\Delta M)\lambda]$；$\lambda$ 为刚体对应自由度的运

动固有周期(s)，$\lambda = \sqrt{\dfrac{K}{M + \Delta M}}$。

当浮体受到简谐荷载作用时，共运动方程为：

$$\ddot{X} + 2\xi\lambda\dot{X} + \lambda^2 X = \dfrac{F_0}{M + \Delta M}\sin\omega t \tag{2-25}$$

浮体运动稳态解为：

$$X(t) = A\sin(\omega t - \beta) \tag{2-26}$$

式中，A 为运动幅值(m)，$A = \dfrac{F_0}{K}\dfrac{1}{\sqrt{(1-\gamma^2)^2 + (2\xi r)^2}}$；$F_0$ 为简谐荷载的幅值(m)；γ 为简谐荷载频率与结构固有频率的比，简称频率比，$\gamma = \dfrac{\omega}{\lambda}$；$\beta$ 为运动滞后于简谐荷载的相位，$\beta = \arctan\dfrac{2\xi\gamma}{1-\gamma^2}$。

运动幅值与静位移的比称为动力放大系数(DAF)(图2-9)，即：

$$\text{DAF} = \dfrac{A}{F_0/K} = \dfrac{1}{\sqrt{(1-\gamma^2)^2 + (2\xi\gamma)^2}} \tag{2-27}$$

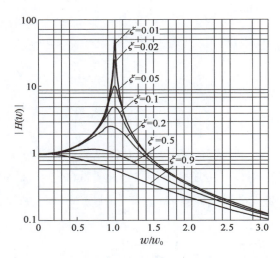

图2-9 动力放大系数与无量纲阻尼及频率比的关系曲线
w-波浪频率；w_0-浮体自然频率；$H(w)$-响应算子；ξ-无量纲阻尼比

当无量纲阻尼比 $\xi=0$ 时，$\mathrm{DAF}=\dfrac{1}{\sqrt{(1-\gamma^2)^2}}$；当激励频率与结构固有频率接近时，DAF 趋近于 ∞。

当无量纲阻尼比 $\xi \neq 0$ 时，DAF 极值为：

$$\mathrm{DAF}_{\max}=\dfrac{1}{2\xi}\dfrac{1}{\sqrt{1-\xi^2}}$$

当无量纲阻尼比 ξ 较小时，DAF 极值近似为：

$$\mathrm{DAF}_{\max} \approx \dfrac{1}{2\xi}$$

由此可以看出，系统阻尼越大，动力放大系数越小，阻尼的存在对于抑制共振幅值起着关键作用。

对于响应相位 (β)：

(1) 当阻尼比 ξ 较小，且频率比 γ 远小于 1 时，相位角 β 趋近于 0；

(2) 当频率比 γ 远大于 1 时，β 趋近于 π；

(3) 当频率比 $\gamma=1$，无论阻尼比为何值，响应相位 $\beta=\pi/2$。

在多种环境荷载作用下，浮体动力方程可以表达为：

$$[\boldsymbol{M}+\Delta\boldsymbol{M}]\ddot{X}+(\boldsymbol{B}_{\mathrm{rad}}+\boldsymbol{B}_{\mathrm{vis}})\dot{X}+(K_{\mathrm{stillwater}}+K_{\mathrm{mooring}})X$$
$$=F_1+F_{2\mathrm{low}}+F_{2\mathrm{high}}+F_{\mathrm{wind}}+F_{\mathrm{current}}+F_{\mathrm{others}} \tag{2-28}$$

式中，$\boldsymbol{M}$ 为浮体质量矩阵；$\Delta\boldsymbol{M}$ 为浮体附加质量矩阵；$\boldsymbol{B}_{\mathrm{rad}}$ 为辐射阻尼矩阵；$\boldsymbol{B}_{\mathrm{vis}}$ 为黏性阻尼矩阵；$K_{\mathrm{stillwater}}$ 为静水刚度（N/m）；K_{mooring} 为系泊系统刚度（N/m）；F_1 为一阶波频荷载（N）；$F_{2\mathrm{low}}$ 为二阶低频荷载（N）；$F_{2\mathrm{high}}$ 为二阶高频荷载（N）；F_{wind} 为风荷载（N）；F_{current} 为流荷载（N）；F_{others} 为其他荷载（N）。

浮体运动自由度的固有周期表达式为：

$$T_{ii}=2\pi\sqrt{\dfrac{M_{ii}+\Delta M_{ii}}{K_{ii,\mathrm{stillwater}}+K_{ii,\mathrm{mooring}}}} \tag{2-29}$$

其中质量矩阵表达式为：

$$\boldsymbol{M}_{ij}=\begin{pmatrix} M & 0 & 0 & 0 & Mz_G & -My_G \\ 0 & M & 0 & -Mz_G & 0 & Mx_G \\ 0 & 0 & M & My_G & -Mx_G & 0 \\ 0 & -Mz_G & My_G & I_{xx} & I_{xy} & I_{xz} \\ Mz_G & 0 & -Mx_G & I_{yx} & I_{yy} & I_{yz} \\ -My_G & Mx_G & 0 & I_{zx} & I_{zy} & I_{zz} \end{pmatrix}$$

式中，(x_G, y_G, z_G) 为重心位置；I_{ij} 为惯性质量（kg）。

刚度矩阵表达式为：

$$K_{ij,\text{stillwater}} = \begin{pmatrix} 0 & 0 & 0 & 0 & 0 & 0 \\ 0 & 0 & 0 & 0 & 0 & 0 \\ 0 & 0 & \rho g S & \rho g S_2 & -\rho g S_1 & 0 \\ 0 & 0 & \rho g S_2 & \rho g (S_{22}+V_{Z_B}) - Mgz_G & -\rho g S_{12} & -\rho g V_{X_B} + Mgx_G \\ 0 & 0 & \rho g S_1 & -\rho g S_{12} & \rho g (S_{11}+V_{Z_B}) - Mgz_G & -\rho g V_{Y_B} + Mgy_G \\ 0 & 0 & 0 & -\rho g V_{X_B} + Mgx_G & -\rho g V_{Y_B} + Mgy_G & 0 \end{pmatrix}$$

式中，(x_G, y_G, z_G) 为浮心位置；S 为水线面积；S_i/S_{ij} 为水线面面积一阶/二阶矩；$(V_{Z_B}, V_{X_B}, V_{Y_B})$ 表示浮心的位置变化对水线面积矩产生的影响，V_{Z_B} 为 z 方向上的浮心体积导数，表示由于物体在垂直方向（z）上的移动导致的水线面积变化；V_{X_B} 为 x 方向上的浮心体积导数，表示由于物体在水平方向（x）上的移动导致的水线面积变化；V_{Y_B} 为 y 方向上的浮心体积导数，它表示由于物体在水平方向（y）上的移动导致的水线面积变化。

（1）ΔM、B_{rad}、F_1 和 $F_{2\text{low}}$、$F_{2\text{high}}$ 可以由水动力计算软件求出。

（2）B_{vis} 可以通过莫里森单元进行计算，也可以自行指定并添加到计算模型中。

（3）K_{mooring} 为系泊系统刚度，可以由系泊分析软件给出结果，也可以自行计算输入计算模型中。

（4）F_{wind} 风荷载一般通过指定风力系数，在计算模型中输入风速来进行计算。

（5）F_{current} 流荷载一般通过指定流力系数，在计算模型中输入流速来进行计算。

对于浮体运动通常需要考虑纵荡（Surge）、横荡（Sway）、升沉/垂荡（Heave）、横摇（Roll）、纵摇（Pitch）以及艏摇（Yaw）6 个自由度，如图 2-10 所示。对于一般的船型结构物，纵荡、升沉、纵摇运动是耦合的；横荡、横摇运动是耦合的。

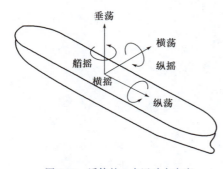

图 2-10　浮体的 6 个运动自由度

2.3.2.2 静水力荷载

静水压力表达式为：

$$p_0 = -\rho g z \tag{2-30}$$

式中，z 为水面以下某点相对于静水面的深度（m）。

浮体浸入水中所受到的浮力（F_0）为：

$$F_0 = -\int_{S_w} z\boldsymbol{n} \mathrm{d}S \tag{2-31}$$

式中，S_w 为浸入水中湿表面面积（m²）；$\boldsymbol{n}$ 为方向向量，$\boldsymbol{n} = (n_x, n_y, n_z)$。

在船舶静力学中，船舶的横稳性高度定义为：

$$\mathrm{GM_T} = \mathrm{BM_T} + \mathrm{KB} - \mathrm{KG} \tag{2-32}$$

式中，$\mathrm{GM_T}$ 为横稳性高度（m）；$\mathrm{BM_T}$ 为横稳性半径（m），$\mathrm{BM_T} = S_{22}/V$；S_{22} 为横向水线面积矩（m⁴）；V 为船体的体积（m³）；KB 为浮心高度（m），$\mathrm{KB} = z_B$；z_B 为浮心位置；KG 为重心高度（m），$\mathrm{KG} = z_G$；z_G 为重心位置（m）。浮心、重心都以船底基线为原点。

船舶的纵稳性高度定义为：

$$\mathrm{GM_L} = \mathrm{BM_L} + \mathrm{KB} - \mathrm{KG} \tag{2-33}$$

式中，$\mathrm{GM_L}$ 为纵稳性高度（m）；$\mathrm{BM_L}$ 为纵稳性半径（m）。

那么对于横摇方向静水刚度 K_{44} 和纵摇方向静水刚度 K_{55}，就可以用稳性高度来表达：

$$K_{44} = \rho g V \cdot \mathrm{GM_T} \tag{2-34}$$

$$K_{55} = \rho g V \cdot \mathrm{GM_L} \tag{2-35}$$

船舶垂向的刚度是由水线面提供的，在吃水变化不大的前提下，垂向静水刚度由下式表达：

$$K_{33} = \rho g A_w \tag{2-36}$$

式中，A_w 为水线面面积（m²）。

2.3.2.3 波浪荷载特性与计算理论适用范围

结构尺度大小相对于波浪波长大小不同，波浪荷载特性也会产生较大的区别。一般结构物的特征长度（D）大于 1/6 的波长（α）（$D > \lambda/6$）时，物体本身对于波浪会产生较为明显的影响[即结构物的绕射作用并相应地产生绕射波浪力(Diffraction Force)]。结构特征长度小于1/5波长,结构对于波浪的影响基本可以忽略,此时黏性荷载与惯性荷载(Drag and Inertia Force)是波浪荷载的主要成分。在浮桥结构分析中,大型浮体一般都属于大型结构物,其绕射作用不可忽略。

(1)黏性荷载(拖曳力荷载)(Drag Load):在流体的黏性特性作用下,小尺度结构物受到的压力、拖曳力与摩擦拖曳力。

(2)绕射荷载(Diffraction Load):由于结构尺度较大,其对于流场的影响不可忽略,结构此时不可穿透。结构的存在使得波浪产生变化并产生绕射作用,其对于波浪荷载的修正即波浪绕射力。

(3)惯性荷载(Inertia Load):产生于流体水质点相对于结构的加速度作用。可以认为是绕射作用中的一个特例,即波浪并没有受到结构存在所产生的影响。

2.3.2.4 波浪荷载的周期特征

对于系泊在指定位置并长期服役的浮体,在服役期内持续受到风、浪、流的共同作用,环境荷载作用下的系泊浮体呈现不同的运动特征,主要包括:

(1)波频荷载与波频运动(Wave Frequency Load and Motion, WF)。

(2)低频频荷载与波频运动(Low Frequency Load and Motion, LF)。

(3)高频荷载与波频运动(High Frequency Load and Motion, HF)。

波频荷载量级最大,能量范围最广(5~20s),浮体在波频荷载的作用下产生波频运动。波频荷载无时无刻都存在,因而使得浮体6个自由度运动固有周期避开波频荷载的主要能量范围,避免共振、降低浮体响应是浮桥浮体设计中非常重要的一项设计原则。

低频波浪荷载是关于两个规则成分波频率之差($\omega_i - \omega_j$)的波浪荷载。由于系泊浮体平面内运动固有周期(纵荡、横荡)与艏摇固有周期较大,对应运动自由度的整体阻尼较小,在低频波浪荷载作用下系泊浮体在这三个自由度的运动下易发生共振,即二阶波浪荷载导致的低频运动。

高频波浪荷载中的和频波浪荷载是关于两个波浪成分波频率之和($\omega_i + \omega_j$)的波浪荷载。在张力腱系统的约束下,TLP的升沉、横摇、纵摇固有周期在5s以下(频率大于1.25rad/s),容易在和频波浪荷载的作用下产生高频弹振。

其他的高频波浪荷载还包括底部抨击、外飘抨击等。

2.3.2.5　波频荷载与波频运动

(1) 势流理论基本假设与边界条件

势流(Potential Flow)是指流体中速度场是标量函数(即速度势)梯度的流。势流的特点是无旋、无黏、不可压缩。

对于简谐传播的波浪中具有浮动刚体的流场,其速度势可以分为三个部分:

$$\phi(x,y,z,t) = \phi_\mathrm{r} + \phi_\omega + \phi_\mathrm{d} \tag{2-37}$$

式中,ϕ_r 为辐射势,由浮体运动产生;ϕ_ω 为波浪未经浮体扰动的入射势;ϕ_d 为波浪穿过浮体后产生的波浪绕射势。

需要满足的边界条件有:

满足拉普拉斯方程(Laplace Equation)

$$\frac{\partial^2 \phi}{\partial x^2} + \frac{\partial^2 \phi}{\partial y^2} + \frac{\partial^2 \phi}{\partial z^2} = 0 \tag{2-38}$$

海底边界条件

$$\frac{\partial \phi}{\partial z} = 0, z = -h \tag{2-39}$$

自由表面条件

$$\frac{\partial^2 \phi}{\partial t^2} + g \frac{\partial \phi}{\partial z} = 0, z = 0 \tag{2-40}$$

浸没物体表面条件

$$\frac{\partial \phi}{\partial n} = \sum_{j=1}^{6} v_j f_j(x,y,z) \tag{2-41}$$

辐射条件:辐射波无穷远处速度势趋近于 0,即

$$\lim_{R \to \infty} \phi = 0 \tag{2-42}$$

(2) 波浪力的组成

浮体浸入水中受到的力和力矩分别可以表示为:

$$\left. \begin{array}{l} \boldsymbol{F} = -\iint_S (p \cdot \boldsymbol{n}) \cdot \mathrm{d}S \\ \boldsymbol{M} = -\iint_S p \cdot (\boldsymbol{r} \times \boldsymbol{n}) \cdot \mathrm{d}S \end{array} \right\} \tag{2-43}$$

式中,S 为浮体湿表面;n 由浮体内指向流场。压力 p 通过线性化的伯努利方程以速度势表达:

$$p = -\rho \frac{\delta \phi}{\delta t} - \rho g z = -\rho \left(\frac{\delta \phi r}{\delta t} + \frac{\delta \phi \omega}{\delta t} + \frac{\delta \phi d}{\delta t} \right) - \rho g z \quad (2\text{-}44)$$

则

$$\left. \begin{array}{l} \boldsymbol{F} = \boldsymbol{F}_r + \boldsymbol{F}_\omega + \boldsymbol{F}_d + \boldsymbol{F}_s \\ \boldsymbol{M} = \boldsymbol{M}_r + \boldsymbol{M}_\omega + \boldsymbol{M}_d + \boldsymbol{M}_s \end{array} \right\} \quad (2\text{-}45)$$

式中,$\boldsymbol{F}_r$ 和 $\boldsymbol{M}_r$ 分别为浮体强迫振动产生的辐射势作用在浮体上的力(N)和力矩(N/m);$\boldsymbol{F}_\omega$ 和 $\boldsymbol{M}_\omega$ 分别为浮体固定时入射波浪产生的力(N)和力矩(N/m);$\boldsymbol{F}_d$ 和 $\boldsymbol{M}_d$ 分别为浮体固定时绕射波浪引起的作用在浮体上的力(N)和力矩(N/m);$\boldsymbol{F}_s$ 和 $\boldsymbol{M}_s$ 为静水力荷载(N)。

(3)附加质量与辐射阻尼

当浮体发生强迫振动时,其在 j 方向和 k 方向产生的耦合水动力包含附加质量和辐射阻尼两个部分:

$$\left. \begin{array}{l} M_{kj} = -\operatorname{Re}\left\{ \rho \iint_S \phi_j \frac{\partial \phi_k}{\partial n} \mathrm{d}S \right\}, N_{kj} = -\operatorname{Im}\left\{ \rho \omega \iint_S \phi_j \frac{\partial \phi_k}{\partial n} \mathrm{d}S \right\} \\ M_{jk} = -\operatorname{Re}\left\{ \rho \iint_S \phi_k \frac{\partial \phi_j}{\partial n} \mathrm{d}S \right\}, N_{kj} = -\operatorname{Im}\left\{ \rho \omega \iint_S \phi_k \frac{\partial \phi_j}{\partial n} \mathrm{d}S \right\} \end{array} \right\} \quad (2\text{-}46)$$

如图 2-11 所示为波激力、附加质量力、阻尼力和回复力的叠加。

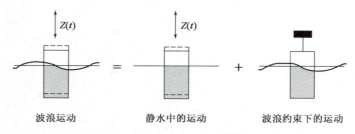

图 2-11 波激力、附加质量力、阻尼力和回复力的叠加

(4)格林第二公式(Green's Second Theorem)

应用格林第二公式,两个单独的速度势关系可以表达为:

$$\iiint_{V'} (\phi_j \nabla^2 \phi_k - \phi_k \nabla^2 \phi_j) \mathrm{d}V' = \iint_{S'} \left(\phi_j \frac{\partial \phi_k}{\partial n} - \phi_k \frac{\partial \phi_j}{\partial n} \right) \mathrm{d}S' \quad (2\text{-}47)$$

式中，S'为封闭体积V'的封闭表面。体积V'由一个假定的、直径为R的圆形范围、深度为$z=-h$的海底平面以及浮体湿表面包围而成。应用边界条件，最终可以得如下结论：

$$M_{kj} = M_{jk}, N_{kj} = N_{jk} \tag{2-48}$$

这一结论说明对于六自由度运动的浮体，附加质量和辐射阻尼的6×6矩阵均为对称矩阵。

如图2-12所示为边界条件。

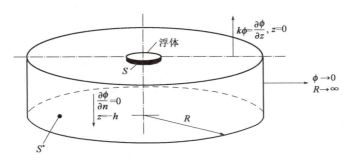

图2-12 边界条件示意图

（5）哈斯金德关系（Haskind Relations）

浮体受到的波浪力/力矩可以表达为：

$$F_{\omega_k} = -i\rho e^{-i\omega t} \iint_S (\phi_\omega + \phi_d) \frac{\partial \phi_k}{\partial n} dS \tag{2-49}$$

式中，ϕ_k为k方向的辐射势；ϕ_d为绕射势，是待求解的内容。在零航速条件下应用边界条件，根据格林第二定理可以给出辐射势与绕射势之间的关系：

$$\left.\begin{aligned} \iint_S \phi_d \frac{\partial \phi_k}{\partial n} dS &= \iint_S \phi_k \frac{\partial \phi_d}{\partial n} dS \\ \iint_S \phi_\omega \frac{\partial \phi_k}{\partial n} dS &= -\iint_S \phi_k \frac{\partial \phi_\omega}{\partial n} dS \end{aligned}\right\} \tag{2-50}$$

则式（2-47）可变为由辐射势和入射势求解的方程：

$$F_{\omega_k} = -i\rho e^{-i\omega t} \iint_S \left(\phi_\omega \frac{\partial \phi_k}{\partial n} + \phi_k \frac{\partial \phi_{\omega\theta}}{\partial n}\right) dS \tag{2-51}$$

对于零航速的水动力求解问题，波浪激励可以由入射波和辐射波表达。在某些情况下可以水动力软件（如WAMIT）求解辐射-绕射势得出的结果与应用哈斯金德关系求出的结果进行对比,二者的结果应是一致的。

(6) 切片理论

切片理论是一种水动力问题求解的近似方法。对于长宽比较大($L/B \geqslant 3$)、具有航速或零航速的船舶,在计算船体水动力时,可以假定船体由许多横剖面薄片组成,每片都认为是无限长柱体的一个横剖面,最终将三维水动力问题转换为二维水动力问题求解。通过计算船体每个典型剖面的水动力系数,沿着船长积分最终求出整体的附加质量、辐射阻尼和波浪力。如图 2-13 所示是船体的一个"切片"示意图。

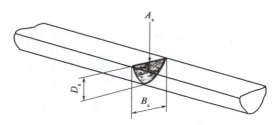

图 2-13　船体的一个"切片"示意图
D_s-吃水深度;B_s-水面线处船体宽度;A_s-水面线以下船体横截面面积

切片理论在船舶水动力分析理论发展中占有非常重要的地位,主要包括以下几种基本方法:

①厄塞尔法(Ursell method),求解圆柱截面水动力问题。

②保角变换法(Conformal mapping),包括李维斯保角变换和渐进保教变换等,求解近似船体截面形状的水动力问题。

③塔赛法(Tasai Theory),结合厄塞尔法与保角变换的二维切片法。

④弗兰克汇源法(Frank Theory),用于船型截面水动力求解。

关于各种切片理论方法这里不再进行详细介绍。切片法计算速度快、精度好,在船舶与海洋工程水动力分析领域依旧有着广泛的应用。

(7) 三维势流理论与面元法

面元法是分析大型结构物在规则波作用下荷载与运动响应的常用方法。面元法基于势流理论,假设流体振荡和结构运动幅度与结构特征尺度相比是小量,且忽略黏性作用,在结构的平均湿表面上混合分布源、汇和偶极子,是水动力求解的一种数值算法。这里对于面元法不进行详细介绍,仅对面元法对网格的要求以及不规则频率进行阐述。

面元法的计算精度与网格描述船体湿表面的精细程度(即网格单元质量)有关,一般遵循以下几个准则:

①面元大小应小于计算波长的1/7。

②结构湿表面的面元分布应充分表征结构的湿表面的几何尺度变化,对于圆柱结构,在其圆周方向应布置15~20个单元以捕捉其几何尺度变化。

③对于尖角位置以及其他船体几何尺度变化剧烈的地方,应采用较小的单元以减少计算误差。

④单元之间不应距离过近,均匀的、正方形的单元较好。

⑤可以不断加大网格密度进行试算,查看计算结果收敛来校验网格质量与计算结果精度。

⑥面元法与有限元法有本质的区别,面元法的单元分布不必要求单元节点之间连续。

2.3.2.6 平均波浪力

对于无限水深的直立墙壁,波幅为 A 的规则波作用在墙上的平均力(F_{mean})为:

$$F_{\text{mean}} = \frac{1}{2}\rho g A^2 \cos^2\beta \tag{2-52}$$

式中,β 为规则波的入射角。

对于水面上无限长的圆柱体,波浪作用在浮体上的一部分被反射,波浪作用在其上的平均波浪力可以表达为:

$$F'_{\text{mean}} = \frac{1}{2}\rho g [R(\omega)A]^2 \tag{2-53}$$

式中,$R(\omega)$ 为对应入射波的反射系数。

不进行任何约束,浮体在规则波的平均荷载作用下逐渐偏离原位置,因而这个平均荷载习惯性地称为"波浪平均漂移力"。

平均漂移力的计算方法主要有远场法、近场法、中场法以及控制面法,主要特点见表2-3。

波浪平均漂移力计算方法特点对比 表 2-3

名称	远场法 (Far-field Method)	近场法 (Near-field Method)	中场法 (Mid-field Method)	控制面法 (Control Surface Method)
又名	Maruo-Newman 法	Pinkster 法	陈晓波法	—
原理	动量	面元直接积分	中场控制面	动量通量
结果自由度	三自由度	六自由度	六自由度	六自由度
计算精度	高	低	高	高
计算效率	高	高	高	低
能否进行多体计算	否	可以	可以	可以

（1）远场法（Maruo-Newman Method,Far-field Method），一种出现较早的平均漂移力求解方法。采用船体与无穷远处控制条件,通过动量方法求解浮体纵荡、横荡以及艏摇方向的波浪平均漂移力。远场法计算精度较高,但只能计算 3 个自由度的平均漂移力荷载。远场法不能用于多体耦合状态下的浮体平均漂移力求解。

（2）近场法（Pinkster Method,Near-field Method）也称为直接积分法,基于势流理论假定,对浮体表面的压力进行积分,精确到波幅的二阶,从而求得浮体所有 6 个自由度的平均漂移力。近场法可以给出 6 个自由度的平均漂移力荷载,但计算精度依赖于面元网格质量,在尖角位置收敛性较差。近场法可以求解多体耦合的平均漂移力。

（3）中场法（Mid-field Method）也称为中场公式或陈晓波法。在一个包围浮体并距离浮体一定位置的面进行荷载求解,避免了压力直接积分的精度误差并给出 6 个自由度的平均漂移力计算结果。中场法可以求解多体耦合的平均漂移力。

（4）控制面法（Control Surface Method），在浮体与自由表面交界的位置定义控制面,通过动量/通量原理计算平均漂移力。控制面法能够给出精度较高的关于浮体 6 个自由度的平均漂移力。

远场法和近场法是应用较为广泛的计算方法,近场法因为计算精度依赖面元模型划分情况,精度不稳定,远场法计算结果精度较高,通常将近场法计算结果与远场法计算结果进行对比校验,以检验近场法计算结果的精度以及侧面验证面元模型的网格质量。

2.3.2.7 低频波浪荷载

低频荷载主要包括两部分:低频风荷载和低频波浪荷载。流荷载由于变化的周期非常长,很难与系泊结构产生共振,因而通常流荷载被认为是定常荷载。低频风荷载和低频波浪荷载对于系泊浮体的影响程度不同,但一般而言,相比于低频波浪荷载,低频风荷载的影响较小。

从量级上看低频波浪荷载小于波频荷载,但低频波浪荷载由于与系泊浮体的平面运动自由度(纵荡与横荡)以及艏摇运动固有周期接近,其产生的共振成为系泊浮体产生较大平面偏移(Offset)的主要因素。

低频波浪荷载对于系泊系统的影响主要包括:

(1)低频波浪荷载是二阶低频波浪荷载,不同于波频荷载。二阶低频波浪荷载正比于波浪幅值的平方,因而在恶劣海况下,低频波浪荷载量级增加明显。

(2)系泊浮体纵荡、横荡以及艏摇运动自由度的固有周期较长,频率较低,与低频波浪荷载容易产生共振,加之系泊系统(包括船体)阻尼量较小,因而当低频波浪荷载作用在系泊浮体系统时,平台将在平均荷载作用下的平衡位置附近产生明显的平面偏移共振,对系泊系统产生较大的挑战。

低频波浪荷载传递函数 QTF:二阶差频波浪荷载是系泊浮体产生低频运动的重要因素之一,它可以认为是不规则波中两列不同的规则波成分相互作用产生的,可以用二次传递函数 QTF(Quadratic Transfer Functions)来表达和估计。二次传递函数是两个相互影响的规则波频率的函数,与波幅无关。求 QTF 的方法主要有 Newman 近似法和全 QTF 矩阵法。

2.3.2.8 高频波浪荷载

高频波浪荷载包括波浪荷载中的和频成分,该荷载作用在张力腿平台(TLP)引起弹振;也包括船舶高速航行时较高的遭遇频率所引起的一阶波浪荷载以及抨击荷载等。

和频波浪荷载类似于低频波浪荷载,所不同的是,低频波浪荷载是波浪成分中两个波浪成分差频产生的,而和频波浪荷载是由两个波浪成分的和频产生的。

对于 N 个波浪单元,和频波浪荷载可以简单地表达为:

$$F_i^+(t) = \mathrm{Re}[A_1 A_2 QTF^+(\omega_1,\omega_2)\mathrm{e}^{-i(\omega_1+\omega_2)t}] \tag{2-54}$$

典型张力腿平台的升沉、横摇、纵摇固有周期在 2～5s 附近,使得和频波浪荷载激励下产生共振成为可能。某些情况下,和频波浪荷载产生的激励有可能大于波频荷载所造成的影响,而更高阶的荷载会产生更多的激励影响,这一点与低频荷载的特性有着很大的区别。

二阶和频传递函数 QTF 的确定不同于二阶差频 QTF。对于二阶差频荷载,采用 Newman 近似,忽略二阶速度势影响,可以在大多数情况下给出较好的模拟效果,但对于二阶和频荷载,二阶速度势的影响以及和频 QTF 对非角线荷载的影响不可忽视。准确地计算二阶和频荷载传递函数非常重要,和频传递函数的计算需要非常精细的船体和自由表面网格,而且要求计算周期的间隔非常紧密(尤其是在高频区域),以充分捕捉和频荷载成分影响,这导致整个和频 QTF 求解计算耗时非常长,某些情况下长时间的计算结果精度并不能很好地得到证明。

在二阶和频波浪荷载作用下,张力腿平台的运动响应幅值很大程度上依赖于阻尼的情况。由于水动力计算可以提供辐射阻尼,一定程度上存在不确定性的黏性阻尼对张力腿平台高频运动自由度(升沉、横摇以及纵摇)运动响应影响较大。

2.3.2.9 大尺度结构物的流荷载

大尺度结构物对流荷载的模拟与风荷载类似。定常流作用下的结构物会有沿着流速方向的平面力以及绕着 Z 轴方向的艏摇力矩。定常流作用下浮体受到的流荷载包括 6 个方向力/力矩:

$$F_{XC} = \frac{1}{2}\rho C_{XD}A_{CX}U_{C}^2 \tag{2-55}$$

$$F_{YC} = \frac{1}{2}\rho C_{YD}A_{CY}U_{C}^2 \tag{2-56}$$

$$M_{ZC} = \frac{1}{2}\rho C_{MZD}A_{CZ}U_{C}^2 \tag{2-57}$$

$$M_{XC} = F_{YC}(C_{YB} - C_{YG}) \tag{2-58}$$

$$M_{YC} = F_{XC}(C_{XB} - C_{XG}) \tag{2-59}$$

式中,C_{XD}、C_{YD} 和 C_{MZD} 分别为 F_x 方向、F_y 方向和 M_z 方向的流力系数;U_C 为流速与结构之间的相对速度(m/s);A_{CX}、A_{CY} 和 A_{CZ} 为受流力部件的迎流面积

（m^2）；C_{YB} 和 C_{XB} 为对应方向流力作用在船体上的作用点。

石油公司国际海事论坛（OCIMF）规范中对流面积的定义是：对于船型结构，$A_{CX} = LD = A_{CY}$，L 为船体垂线间长，D 为型宽，$A_{CZ} = L^2 D$。

2.4 系泊系统

2.4.1 系泊系统分类

系泊系统按照系泊缆几何形态与力学特性，可以分为悬链线系泊和张紧式系泊两大类。

（1）悬链线式系泊

悬链线式系泊是浮式结构物常见且传统的系泊方式。通常而言，悬链线式系泊适用水深较浅。悬链线系泊系统的系泊缆呈现外形弯曲的悬链线形状，系泊系统的水平恢复力主要由悬在水中的系泊缆悬挂段和躺卧在海底的趟底段（卧链段）的缆绳重力提供，通常系泊缆的趟底段长度较长，在最恶劣海况下趟底段仍需要保持一定的长度以保证锚不受上拔力作用，因而悬链线系泊系统需要的系泊半径范围较大。

（2）张紧式系泊

随着水深的增加，悬链线系泊系统的水中悬挂段重量快速增加，增加了系泊缆设计难度和浮体所受到的垂向荷载。张紧式系泊可适用于超深水深，但其在浮桥设计中尚无应用。

2.4.2 系泊缆材质与属性

2.4.2.1 钢制锚链

锚链便于操作，通常用于连接浮式结构物和海底链趟底部分，也部分用于悬挂段的配重链。锚链链条分为横挡锚链和无挡锚链。横挡锚链便于操作，能增加抗弯曲能力，但横挡位置容易破坏，无挡锚链可以做到同样的效果，一般永久系泊系统采用无挡锚链较多。

没有资料依据的情况下，可以按照下式粗略计算锚链的以下属性：

无挡锚链

$$w = 21900 D^2$$
$$EA = 1 \times 10^8 D^2$$
$$BL = CD^2 (44 - 80D)$$

横挡锚链

$$w = 19900 D^2$$
$$EA = 0.85 \times 10^8 D^2$$
$$BL = CD^2 (44 - 80D)$$

式中,D 为锚链的链条直径(m);w 为锚链单位长度水中重量(kgf/m);EA 为锚链轴向刚度(kN);BL 为锚链破断强度(kN);C 为锚链破断强度系数,为关于锚链等级的参数,见表2-4。

锚链破断强度系数　　　　表2-4

锚链等级	C	锚链等级	C
ORQ	2.11×10^4	3S	2.49×10^4
3	2.23×10^4	4	2.74×10^4

2.4.2.2 钢缆

同样的破断强度,钢缆重量要比锚链轻,弹性更好。一般常用的钢缆类型有六股式、螺旋股式以及多股式,六股钢缆根据中心线材料不同又分为钢丝绳材质和纤维材质两类。

没有资料依据的情况下,可以按照下式进行粗略计算:

六股中心线钢丝绳材质

$$w = 3989.7 D^2 \text{ (kgf/m)}$$
$$EA = 4.04 \times 10^7 D^2 \text{ (kN)}$$
$$BL = 633358 D^2 \text{ (kN)}$$

六股中心线纤维材质

$$w = 3610.9 D^2 \text{ (kgf/m)}$$
$$EA = 3.67 \times 10^7 D^2 \text{ (kN)}$$
$$BL = 584175 D^2 \text{ (kN)}$$

螺旋线式

$$w = 4383.2D^2 \ (\text{kgf/m})$$
$$\text{EA} = 9.00 \times 10^7 D^2 \ (\text{kN})$$
$$\text{BL} = 900000 D^2 \ (\text{kN})$$

其中,D 为钢缆直径(m)。

2.4.2.3 合成纤维缆

合成纤维缆与传统锚链和钢缆相比,其轴向刚度与缆绳内所受荷载的平均值和荷载变化幅值和周期有关。纤维材质在荷载循环作用下会产生塑性应变,当循环次数增加后,合成纤维缆在一定荷载作用下的变形随着服役时间的增加而增加。

合成纤维缆具有较大的水平恢复力,缆绳重量轻、刚度大,降低了缆绳拉伸程度,适合用于深水和超深水浮式结构物的张紧式系泊系统。

合成纤维缆的缺点是轴向刚度随着力的作用时间而变化,并发生偏移,力学分析较为复杂。长期服役的合成纤维缆每隔一段时间都需要重新张紧。合成纤维缆不能与海底接触,也不能放置于海底,以免造成破坏,因而只适合作为系泊缆悬挂段。

没有资料依据的情况下,可以按照下式进行粗略计算:

Polyester
$$w = 797.8D^2 \ (\text{kgf/m})$$
$$\text{BL} = 170466 D^2 \ (\text{kN})$$

HMPE
$$w = 632.0D^2 \ (\text{kgf/m})$$
$$\text{BL} = 105990 D^2 \ (\text{kN})$$

Aramid
$$w = 575.9D^2 \ (\text{kgf/m})$$
$$\text{BL} = 450000 D^2 \ (\text{kN})$$

合成纤维缆的轴向刚度是分析难点,对于合成纤维缆的分析方法可以参考美国船级社(American Bureau of Shipping, ABS)的相关规范。

2.4.3 不考虑弹性影响的单一成分缆悬链线方程

这里省略具体推导过程,仅给出主要结论。

处于悬链线状态、不考虑缆绳弹性的单一成分缆,其最低点与海底相切,对应倾角为零,此时该点的水平张力 T_0 等于该缆任意悬挂位置点的水平分力,对应主要公式有:

$$l_0 = a\sinh\left(\frac{S}{a}\right) \quad (2\text{-}60)$$

$$H = a[\cosh(S/a) - 1] \quad (2\text{-}61)$$

$$l_0 = \sqrt{H^2 + 2Ha} \quad (2\text{-}62)$$

$$a = T_H/w \quad (2\text{-}63)$$

式中,T_H 为悬链线底端的水平拉力;l_0 为缆绳悬挂段长度;S 为顶端张力位置与海底切点的水平距离;H 为水深;w 为单位长度缆绳水中重量。

系泊缆顶端最大张力:

$$T_{\max} = T_H + wH \quad (2\text{-}64)$$

如图 2-14 所示为悬链线方程参数示意图。

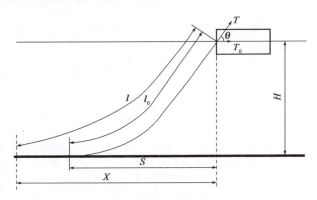

图 2-14 悬链线方程参数示意图
θ-系泊缆顶端张力与水平力的夹角;X-锚点到浮子间的水平距离

在水深(H)、缆绳单位长度水中重量(w)以及水平张力(T_0)已知的情况下,可以求解缆绳下端切线位置对应的缆绳长度(l_0)、系泊缆顶端张力(T)及其倾角,以及顶端与海底切线位置的水平跨距(S)。

在水深(H)、系泊缆长度(l)以及单位长度水中重量(w)已知的情况下,可以求解保持下端张力水平方向所能承受的最大水平张力($T_{\max}$),此时需要进行判断:如果 $T_0 < T_{\max}$,则系泊缆具有卧链长度,据此可以求出其他参数;如果 $T_0 >$

$T_{\max}$,则系泊缆完全拉起,此时锚点将受到上拔力的影响。

2.4.4 考虑弹性的悬链线方程

系泊缆实际情况下是具有弹性的,某些场景忽略系泊缆弹性影响得到的结论是不准确的。系泊缆悬挂段未被拉长的长度(l_0)可写为:

$$l_0 = \frac{T_z}{w} \tag{2-65}$$

式中,T_z 为上端系泊点垂向受力,等于系泊缆悬挂水中的垂向重量;w 为系泊缆单位长度水中重量。

$$H = T_0/w\left(\frac{1}{\cos\theta} - 1\right) + \frac{1}{2}\frac{w}{AE}l_0^2 \tag{2-66}$$

$$\cos\theta = \frac{T_H}{\sqrt{T_H^2 + T_z^2}} \tag{2-67}$$

式中,θ 为系泊点轴向张力与水平力的夹角。缆绳上端系泊点水平张力(T_0)为:

$$T_0 = \frac{T_z^2 - \left(wH - \frac{1}{2}\frac{w^2}{AE}l_0^2\right)^2}{2\left(wH - \frac{1}{2}\frac{w^2}{AE}l_0^2\right)} \tag{2-68}$$

系泊缆顶端张力可以表达为:

$$T = \sqrt{T_H^2 + T_z^2} \tag{2-69}$$

$$S = \frac{T_H}{w}\lg\left(\frac{\sqrt{T_H^2 + T_z^2} + T_z}{T_H}\right) + \frac{T_H}{AE}l_0 \tag{2-70}$$

2.5 水动力分析

2.5.1 频域分析

(1)浮体运动幅值响应算子

浮体运动幅值响应算子(Response Amplitude Operaters,RAO)的含义是浮体对应自由度运动幅值与波幅的比,表明在线性波浪作用下浮体的运动响应特征。

以船舶的横摇运动为例,横摇 RAO 为船舶在单位波幅的规则波作用下所产生的,关于波浪频率的横摇运动幅值函数,近似表达式为:

$$\text{Roll}_{\text{RAO}} = \frac{\theta_X}{\xi_a} = \text{DAF}_{\text{Roll}} \frac{\omega^2}{g} 57.3 \sin\beta \tag{2-71}$$

式中,θ_X 为船舶横摇运动幅值;ξ_a 为入射波波幅,此处为规则波单位波幅;DAF_{Roll} 为横摇运动方程得到的动力放大系数;ω 为入射波圆频率;β 为入射波角度[(°)/m]。

RAO 本质上描述的是线性条件下入射波福与浮体运动幅值的关系。当对运动响应结果求一次导数、二次导数后,对应的运动 RAO 变为运动速度响应 RAO 和加速度响应 RAO。

(2) 不规则波作用下的波频运动响应

对于一个给定的波浪谱 $S(\omega)$,零航速下浮体的波频运动响应谱 $S_R(\omega)$ 可以表达为:

$$S_R(\omega) = \text{RAO}^2 S(\omega) \tag{2-72}$$

根据响应谱得到的第 n 阶矩的表达式为:

$$m_{nR} = \int_0^\infty \omega^n S_R(\omega) \, d\omega \tag{2-73}$$

式中,m_{nR} 为运动方差。一般认为短期海况符合窄带瑞利分布,浮体的波频运动近似认为同样符合瑞利分布,则浮体波频运动有义值可以根据谱矩求出,即

$$R_{1/3} = 2\sqrt{m_{0R}} \tag{2-74}$$

对应运动平均周期 T_{1R} 和平均跨零周期 T_{2R} 为:

$$T_{1R} = 2\pi \frac{m_{0R}}{m_{1R}} \tag{2-75}$$

$$T_{2R} = 2\pi \sqrt{\frac{m_{0R}}{m_{2R}}} \tag{2-76}$$

(3) 低频运动的谱分析

低频波浪荷载以谱的形式可以表达为:

$$S_{F2-}(\Delta\omega) = 8 \int_0^\infty S(\omega) S(\omega + \Delta\omega) \left[\frac{F_i\left(\omega + \frac{\Delta\omega}{2}\right)}{\xi_a} \right]^2 d\omega \tag{2-77}$$

式中，$S(\omega)$ 为波浪谱；$F_i\left(\omega + \dfrac{\Delta\omega}{2}\right)$ 为对应频率 $\omega + \dfrac{\Delta\omega}{2}$ 的平均波浪漂移力。

系泊状态下的浮体低频响应动力方程为：

$$(M + \Delta M)\ddot{X} + B'\dot{X} + K_m X = F_i(t) \tag{2-78}$$

式中，ΔM 为低频附加质量；B' 为系泊状态下的系统阻尼；K_m 为系泊恢复刚度；$F_i(t)$ 为低频漂移力。

对于系泊状态的浮体纵荡运动，其响应谱可以表达为：

$$S_{R2-}(\Delta\omega) = |R_{2-}(\Delta\omega)|^2 S_{F2-}(\Delta\omega) \tag{2-79}$$

式中，$R_{2-}(\Delta\omega)$ 为质量-阻尼-弹簧系统的动力学导纳。根据之前的谱分析理论，则纵荡运动的低频方差为：

$$m_{0R2-}(\Delta\omega) = \int_0^\infty \dfrac{S_{F2-}(\Delta\omega)}{[K_m - (M + \Delta M)\Delta\omega^2]^2 + B'^2\Delta\omega^2} \mathrm{d}\Delta\omega \tag{2-80}$$

由于系泊系统往往是小阻尼低频共振系统，因而上式中对于运动方差的主要贡献是纵荡固有周期附近的共振激励荷载，典型的低频运动极值为标准差的 3～4 倍。

综上所述，在系泊系统刚度、浮体质量及低频附加质量以及平均漂移荷载已知的情况下，可以通过频域计算给出系泊浮体大致的平面内低频运动响应情况。这种方法也是进行系泊系统初期设计的常用方法。

2.5.2 时域分析

时域分析引入了单位脉冲函数 $\delta(\tau)$，其作用在系统上产生一个对应的响应 $h(t-\tau)$，即脉冲响应函数，其含义为浮式系统受到脉冲作用后产生的响应，表达的是受到脉冲影响发生运动直至恢复平静状态的过程中系统所经历的响应特性。

线性系统在某段时间内的响应可以视作多个线性响应的叠加，即

$$R(t) = \int_{-\infty}^\infty \xi(t-\tau)h(\tau)\mathrm{d}\tau \tag{2-81}$$

式中，$\xi(t-\tau)$ 为一段时间内的波高升高；$h(\tau)$ 可以通过频域分析中的频率响应函数经过傅立叶变换得到：

$$h(\tau) = \int_{-\infty}^\infty H(\omega)\mathrm{e}^{\mathrm{i}\omega t}\mathrm{d}\omega \tag{2-82}$$

对于有系泊系统的浮式结构物,其运动方程可以写为:

$$\sum_{j=1}^{6}\left\{[a_{ij}+m_{ij}(t)]\ddot{x}_j(t)+\int_0^t K_{ij}(t-\tau)\dot{x}_j(\tau)\mathrm{d}\tau+C_{ij}x_j(t)\right\}=F_i(t)$$
$$(i=1,\cdots,6) \tag{2-83}$$

式中,a_{ij}为浮体的惯性质量矩阵;$m_{ij}(t)$为浮体的附加质量矩阵;$K_{ij}(t)$为延迟函数矩阵;C_{ij}为静水恢复力矩阵;$F_i(t)$为波浪激励力矩阵;$x_j(t)$为浮体位移矩阵。

延迟函数矩阵 $K_{ij}(t)$ 为:

$$K_{ij}(t)=\frac{2}{\pi}\int_0^\infty B_{ij}(\omega)\cos(\omega t)\mathrm{d}\omega \tag{2-84}$$

延迟函数 $K_{ij}(t)$ 为频域水动力求解出的辐射阻尼 $B_{ij}(\omega)$ 经傅立叶逆变换求出。

为获得浮体在波浪中的运动位移矩阵 $x_j(t)$,必须知道浮体的附加质量矩阵 $m_{ij}(t)$、延迟函数矩阵 $K_{ij}(t)$ 和波浪激励力矩阵 $F_i(t)$。

波浪激励力 $[F_i(t)]$ 为:

$$F_i(t)=\sum_{k=1}^N R\{A_k F_i(\omega_k)\mathrm{e}^{-\mathrm{i}(\omega_k t+\theta_k)}\} \tag{2-85}$$

式中,A_k、ω_k 和 θ_k 对应波谱中每个规则波成分波的波幅、频率和相位;$F_i(\omega_k)$是频率为 ω_k 的单位波幅对应波浪激励力。

当求出浮体的附加质量矩阵、延迟函数矩阵、静水恢复力矩阵、波浪激励力矩阵和浮体位移矩阵后,可以使用数值方法,经过迭代求解,最终求出浮体的运动时域响应与缆绳张力时域响应等结果。

2.5.3 耦合分析方法与张力分析理论

2.5.3.1 非耦合与全耦合分析

处于风、浪、流环境荷载影响下的浮体及系泊系统所受到的荷载本质上是相互影响、相互耦合的,在分析中需要予以充分考虑。当前主流的分析方法主要有以下三种:

(1)非耦合计算方法。浮体与系泊缆的响应分开计算:考虑系泊系统的刚度、缆绳受到的水动力荷载、外界环境荷载等作用,求解浮体在平均荷载、波浪荷载和低频波浪荷载作用下的浮体运动响应,之后求解缆绳张力响应。这种方法主要是频域分析方法,适用于系泊系统的初始设计阶段。

(2)半耦合计算方法。对浮体系泊状态下的波频、低频响应分开考虑:浮体系泊状态下的波频运动通过 RAO 来计算;浮体在低频波浪荷载、风力、流力作用下的漂移以及系泊缆的张力进行耦合分析,分析方法为时域分析法,但波频运动对于系泊缆的张力贡献考虑有限,一般而言计算精度略低于全耦合计算方法。

(3)全耦合计算方法。系泊缆的动力响应与浮体运动响应完全耦合计算,浮体波频运动和低频运动在时域范围内共同求解。全耦合计算方法是主流的系泊分析方法,计算结果可靠,主要用于系泊系统设计荷载的规范校核和系泊浮体整体运动性能分析。

非耦合与耦合计算方法对比见表 2-5。

非耦合与耦合计算方法对比 表 2-5

波频运动计算方式	低频运动计算	系泊缆张力	计算方法	计算时间
频域谱分析	频域谱分析	以频域运动结果代入系泊缆计算方程中推导	非耦合频域分析	非常快
RAO	低频时域波浪荷载	低频时域耦合求解	半耦合时域分析	快
波频时域波浪荷载	低频时域波浪荷载	全耦合时域求解	全耦合时域分析	慢

2.5.3.2 系泊张力分析方法

系泊系统中的系泊缆响应是系泊分析中的重要分析内容,主要有以下三种方法:

(1)静态计算。系泊系统以刚度形式进行静力计算,先求得系泊系统的各个方向刚度情况,将位移代入刚度数据中求解各个缆绳的张力响应,系泊缆受力以静恢复力考虑。

(2)准静态法。准静态法忽略系泊缆重量、阻尼以及其他动力响应特性,一般准静态计算方法求出的缆绳张力响应偏低,因而一般校核安全系数要求更高。

(3)动态分析。动态分析完全考虑缆绳重量、缆绳水动力荷载以及其他动态响应,系泊缆的非线性张拉,缆绳与海底接触的摩擦力、系泊缆的附加质量、拖曳力等,与浮体运动响应在时域分析中进行完全耦合分析。主要计算理论有集中质量法与细长杆理论。

2.6 本章小结

本章重点介绍了与浮桥相关的一些海洋工程基础理论，以作为后续研究的铺垫和基础，可概括如下：

(1) 海洋工程浮体分析中主要面对的海洋环境包含风、波浪、流、水位、温度、海床等多种类型，其中最主要的是"风、浪、流"。工程中通常用能量谱的形式反映风、浪对结构物的作用，其中 API 风谱和 NPD 风谱为最常用的风能量谱，JONSWAP 谱为常用的风浪谱，Gaussian Swell 谱为常用的涌浪谱。流则采用流速剖面的形式给定不同深度下的流速分布规律。

(2) 水动力分析可分为频域分析和时域分析两大类，其中频域分析可以根据浮体的 RAO 特性计算给出浮体大致的平面内低频运动的响应情况，是浮桥设计初期的常用方法；时域分析则通过显/隐式积分计算浮桥的动力响应。

CHAPTER 3
第3章
桩约束浮式结构的流体-结构相互作用理论

3.1 概述

第1章对浮桥的相关理论研究进展进行了详细回顾,未曾对桩约束的铰接多浮体结构与波浪、水流、阻尼系统的相互作用进行研究,未曾研究其消波性能和吸收波浪能性能,而对这些多浮体结构与海洋流体相互作用机理进行剖析,将有助于认识浮桥的水动力学理论。本章基于雷诺平均纳维-斯托克斯方程(Reynolds-Averaged Navier-Stokes,RANS)、剪切应力输运 K-Ω 湍流模型方程(Shear Stress Transport,SST K-Ω)、非线性多浮体结构运动理论及流体-结构动力相互作用理论,考虑桩约束和锚泊系统约束条件,耦合浮体、黏性流体、阻尼系统和约束系统,发展波流环境中3-DOF的铰接双浮体结构的数学模型,采用有限体积法(Finite Volume Method,FVM)离散流体方程和龙格-库塔法(Runge-Kutta method,RK)离散浮体运动方程,利用结构化网格(Structured Grids)的动网格技术(Dynamic Mesh Technique)更新浮体位置和流体网格,旨在实现流体与结构之间的全耦合。

桩约束的浮体结构在波流作用下,不发生水平方向的漂移,相比于锚泊浮式结构体,水动力响应较为简单。但桩与锚链相比,通常成本较高。对于浮式结构体部署在水深较小的水域,所用桩的长度相对较小,其成本也相对较低。在此情况下,桩约束的浮式结构体适用性较大。因而,需要对该3-DOF浮式结构体的俘能消波性能进行研究,消波性能越好,就越有利于浮体结构的稳定,有利于桥梁使用的舒适性。本章给出桩约束的浮式结构与流体耦合的数学模型及其数值求解方法,给出模型的收敛性分析和模型验证,计算和讨论阻尼系数、波浪参数、流速和黏性能对动力性能的影响。

3.2 数学模型

本书考虑 3-DOF 的铰接双浮体与波浪和水流的综合作用(图 3-1 和图 3-2)。如图 3-1 所示,浮体为长方体浮体,假设为刚体,不考虑结构的变形,前浮体长度为 L_f、后浮体长度为 L_a,前后浮体间距为 l_s、宽度为 B、高度为 D,所处水域(即 NWT)的长度为 L_0、宽度为 B_0、高度为 D_0,浮体的宽度 B 仅比水域宽度 B_0 稍小一些。为了保持一致性,计算水域的长度 L_0 随着波长 λ 而变化。装置在静水时刻,前端距离入口边界 2λ 长,后端距离出口边界 2λ 长,因而计算水域总长度 $L_0 = 4\lambda + L_f + L_a + l_s$。在计算水域尾部、距离出口边界 λ 范围内设置数值消波段。本书仅考虑波浪入射角为 $0°$,水流方向跟波浪传播方向一致的情况。在笛卡尔坐标系 (x,y,z) 考虑该问题,其中 x 轴方向为波浪传播方向,y 轴方向为波峰线方向,z 轴方向为竖直方向(图 3-2)。

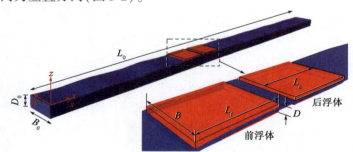

图 3-1 双浮体俘能消波装置三维简图

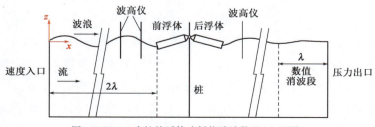

图 3-2 NWT 中铰接浮体式俘能消波装置(立面图)

3-DOF 的双浮体的铰接点沿着 z 轴方向（桩方向）垂荡，前后浮体均绕穿过铰接点平行于 y 轴的转动轴纵摇。3-DOF 的双浮体之间均设置阻尼系统，由于波浪对于前后浮体作用力的大小和相位不一致，前后浮体之间发生相对转动，阻尼系统做功，消耗能量。

3.2.1 流体运动方程

假设流体是不可压缩的，其连续方程可表示为：

$$\nabla \cdot \boldsymbol{v} = 0 \tag{3-1}$$

式中，$\boldsymbol{v}$ 是指流体速度矢量。流体的运动方程为：

$$\frac{\mathrm{d}\boldsymbol{v}}{\mathrm{d}t} = -\frac{1}{\rho}\nabla p + \frac{1}{\rho}\nabla \cdot \boldsymbol{T} + \boldsymbol{S} \tag{3-2}$$

式中，t 表示时间；ρ 表示流体密度；p 表示流体压应力；$\boldsymbol{T}$ 表示黏性应力张量；$\boldsymbol{S}$ 表示体积力（如重力）。对于本书考虑的不可压缩的牛顿流体，黏性应力张量 $\boldsymbol{T}$ 的表达式为：

$$\boldsymbol{T} = \mu \left[\nabla \boldsymbol{v} + (\nabla \boldsymbol{v})^{\mathrm{T}}\right] \tag{3-3}$$

式中，μ 表示流体的动力黏性系数。

3.2.2 结构运动方程

3-DOF 的双浮体的铰接点沿着 y 轴方向（桩方向）垂荡，前、后浮体均绕穿过铰接点平行于 y 轴的转动轴纵摇。装置运动及受力简图如图 3-3 所示，铰接点 x 轴和 z 轴的坐标分别为 r_x 和 r_z，前浮体转角的大小为 θ_1，后浮体转角的大小为 θ_2。以下数学式中力、弯矩、位移和角位移的正方向均为笛卡尔坐标轴（x 轴、y 轴和 z 轴）的正方向。

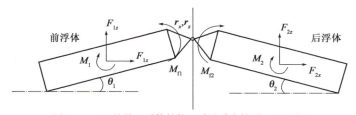

图 3-3 DOF 铰接双浮体结构运动及受力简图（立面图）

M_1 和 M_2-作用在前、后筏体质心处的弯矩；F_{1x} 和 F_{2x}-作用在前、后筏体质心处的 x 向的水平力；F_{1z} 和 F_{2z}-作用在前、后筏体质心处的 x 向的垂直力；θ_1 和 θ_2-前、后筏体轴线与静水面间的夹角；r_x 和 r_z-接触点在水平方向、垂直方向的作用距离

本书借鉴霍杰[70]提出的方法,基于拉格朗日方程建立铰接双浮体的运动方程。拉格朗日方程[89-90]如下所示:

$$\frac{\mathrm{d}}{\mathrm{d}t}\left(\frac{\partial T^*}{\partial \dot{q}_j}\right) - \frac{\partial T^*}{\partial q_j} + \frac{\partial V}{\partial q_j} = Q_j \quad (j = 1,2,3) \tag{3-4}$$

式中,T^* 为双浮体系统的总动能;q_j 为双浮体系统在各个自由度的位移大小,$q_1 = r_z$,$q_2 = \theta_1$,$q_3 = \theta_2$;V 表示双浮体系统的总势能;Q_j 表示作用于双浮体系统各个自由度的非有势力。前后浮体重心位置可表示为:

$$r_{1x} = r_x - \frac{L_f + l_s}{2}\cos\theta_1 \tag{3-5}$$

$$r_{1z} = r_z + \frac{L_f + l_s}{2}\sin\theta_1 \tag{3-6}$$

$$r_{2x} = r_x + \frac{L_a + l_s}{2}\cos\theta_2 \tag{3-7}$$

$$r_{2z} = r_z - \frac{L_a + l_s}{2}\sin\theta_2 \tag{3-8}$$

式中,r_{1x} 为前浮体重心 x 轴坐标;r_{1z} 为前浮体重心 z 轴坐标;r_{2x} 为后浮体重心 x 轴坐标;r_{2z} 为后浮体重心 z 轴坐标;L_f 为浮体长度;L_a 为后浮体长度;l_s 为前后浮体间距。双浮体系统的总动能可表示为:

$$T^* = \frac{1}{2}m_1[(\dot{r}_{1x})^2 + (\dot{r}_{1z})^2] + \frac{1}{2}J_1\dot{\theta}_1^2 + \frac{1}{2}m_2[(\dot{r}_{2x})^2 + (\dot{r}_{2z})^2] + \frac{1}{2}J_2\dot{\theta}_2^2$$
$$\tag{3-9}$$

式中,m_1 为前浮体的质量;m_2 为后浮体的质量;J_1 为前浮体相对于穿过其重心且平行于 y 轴的转动轴的转动惯量;J_2 为后浮体相对于穿过其重心且平行于 y 轴的转动轴的转动惯量。双浮体系统的总势能可表示为:

$$V = m_1 g\left(r_z + \frac{L_f + l_s}{2}\sin\theta_1\right) + m_2 g\left(r_z - \frac{L_a + l_s}{2}\sin\theta_2\right) \tag{3-10}$$

式中,g 为重力加速度。假设桩光滑不提供摩擦力,各个自由度的非有势力 Q_j 分别表示为:

$$Q_1 = F_{1z} + F_{2z} \tag{3-11}$$

$$Q_2 = F_{1x}\frac{L_f + l_s}{2}\sin\theta_1 + F_{1z}\frac{L_f + l_s}{2}\cos\theta_1 + M_1 - M_{f1} \tag{3-12}$$

$$Q_3 = -F_{2x}\frac{L_a+l_s}{2}\sin\theta_1 - F_{2z}\frac{L_a+l_s}{2}\cos\theta_1 + M_2 + M_{f2} \tag{3-13}$$

式中，F_{1x} 和 F_{2x} 分别表示前浮体和后浮体受到的 x 轴方向的水动力大小；F_{1z} 和 F_{2z} 分别表示前浮体和后浮体受到的 z 轴方向的水动力大小；M_1 和 M_2 分别表示前浮体和后浮体受到的水动力弯矩；M_{f1} 和 M_{f2} 大小相等，表示前、后浮体之间的阻尼弯矩大小，M_{f1} 和 M_{f2} 可表示为：

$$M_{f1} = M_{f2} = \gamma(\dot{\theta}_1 - \dot{\theta}_2) \tag{3-14}$$

式中，γ 为弯矩阻尼系数。将式(3-9)~式(3-13)代入式(3-4)中，可以得到3个运动方程：

$$(m_1+m_2)\ddot{r}_z + \frac{L_f+l_s}{2}m_1\ddot{\theta}_1\cos\theta_1 - \frac{L_a+l_s}{2}m_2\ddot{\theta}_2\cos\theta_2$$
$$= F_{1z} + F_{2z} + \frac{L_f+l_s}{2}m_1\dot{\theta}_1^2\sin\theta_1 - \frac{L_a+l_s}{2}m_2\dot{\theta}_2^2\sin\theta_2 - m_1g - m_2g \tag{3-15}$$

$$\frac{L_f+l_s}{2}m_1\ddot{r}_z\cos\theta_1 + \frac{1}{4}m_1(L_f+l_s)^2\ddot{\theta}_1 + J_1\ddot{\theta}_1$$
$$= M_1 - M_{f1} + F_{1x}\frac{L_f+l_s}{2}\sin\theta_1 + F_{1z}\frac{L_f+l_s}{2}\cos\theta_1 - \frac{L_f+l_s}{2}m_1g\cos\theta_1 - \tag{3-16}$$

$$\frac{L_f+l_s}{2}m_2\ddot{r}_z\cos\theta_2 + \frac{1}{4}m_2(L_a+l_s)^2\ddot{\theta}_2 + J_2\ddot{\theta}_2$$
$$= M_2 + M_{f2} - F_{2x}\frac{L_a+l_s}{2}\sin\theta_2 - F_{2z}\frac{L_a+l_s}{2}\cos\theta_2 + \frac{L_a+l_s}{2}m_2g\cos\theta_2 \tag{3-17}$$

为了求解铰接点的作用力，可以对单个浮体（前浮体或者后浮体）进行受力分析，本书选取后浮体进行受力分析，后浮体受力情况如图3-4所示，从而其运动方程可表示为：

$$m_2\ddot{r}_{2x} = F_{hx} + F_{2x} \tag{3-18}$$

$$m_2\ddot{r}_{2z} = F_{hz} + F_{2z} - m_2g \tag{3-19}$$

式中，$\ddot{r}_{2x}$ 和 $\ddot{r}_{2z}$ 分别为后浮体在水平方向和竖直方向的加速度；F_{hx} 和 F_{hz} 分别表示铰接点作用于后浮体的水平方向和竖直方向的力。$\ddot{r}_{2x}$ 和 $\ddot{r}_{2z}$ 可以通过式(3-7)

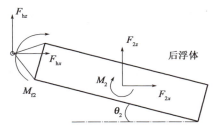

图3-4 后浮体受力简图（立面图）

和式(3-8)进行两次求导获得,表达式如下:

$$\ddot{r}_{2x} = \ddot{r}_x - \frac{L_a + l_s}{2}\dot{\theta}_2^2\cos\theta_2 - \frac{L_a + l_s}{2}\ddot{\theta}_2\sin\theta_2 \tag{3-20}$$

$$\ddot{r}_{2z} = \ddot{r}_z + \frac{L_a + l_s}{2}\dot{\theta}_2^2\sin\theta_2 - \frac{L_a + l_s}{2}\ddot{\theta}_2\cos\theta_2 \tag{3-21}$$

结合式(3-18)~式(3-21)可以获得铰接点的作用力:

$$F_{hx} = m_2\ddot{r}_x - \frac{L_a + l_s}{2}m_2\dot{\theta}_2^2\cos\theta_2 - \frac{L_a + l_s}{2}m_2\ddot{\theta}_2\sin\theta_2 - F_{2x} \tag{3-22}$$

$$F_{hz} = m_2\ddot{r}_z + \frac{L_a + l_s}{2}m_2\dot{\theta}_2^2\sin\theta_2 - \frac{L_a + l_s}{2}m_2\ddot{\theta}_2\cos\theta_2 - F_{2z} + m_2g \tag{3-23}$$

实际上,铰接对于双浮体运动的影响就在于提供了这两个方向的铰接力,简单考虑时,也可以将该铰接点看作刚度系数足够大的弹簧[71],使得前后浮体在该铰接处的平动位移没有偏差,而又不影响其转动。这时,铰接点对于后浮体的作用力可以表示为:

$$F_{hx} = K_h\left(r_{1x} + \frac{L_f + l_s}{2}\cos\theta_1 - r_{2x} + \frac{L_a + l_s}{2}\cos\theta_2\right) \tag{3-24}$$

$$F_{hz} = K_h\left(r_{1z} - \frac{L_f + l_s}{2}\sin\theta_1 - r_{2z} - \frac{L_a + l_s}{2}\sin\theta_2\right) \tag{3-25}$$

式中,K_h为铰接处的刚度系数。

在数值计算时,K_h足够大,时间步长足够短,该方法就能真实地模拟铰接作用。根据牛顿第二定律,将铰接点作用力加在各个浮体的运动方程中,如后浮体的运动方程式(3-18)和式(3-19),前浮体的运动方程式也与其类似。

3.2.3 边界条件

(1)入口边界

入口边界为速度入口,如图3-2所示。入口边界上水质点的速度通过斯托克斯五阶波理论[72]计算得出:

$$v_1 = C_0\left(\frac{g}{k^3}\right)^{1/2}\sum_{i'=1}^{5}\delta^{i'}\sum_{j'=1}^{i'}j'kA_{i'j'}\cosh j'kz\cos j'k(x - ct) + c - \bar{v}_1 \tag{3-26}$$

$$v_2 = 0 \tag{3-27}$$

$$v_3 = C_0 \left(\frac{g}{k^3}\right)^{1/2} \sum_{i'=1}^{5} \delta^{i'} \sum_{j'=1}^{i'} j'kA_{i'j'}\sinh j'kz\sin j'k(x-ct) \tag{3-28}$$

式中,v_1、v_2 和 v_3 分别表示水质点在 x 轴、y 轴和 z 轴方向的速度;$\bar{v}_1$ 为水平方向平均速度;c 为波浪行进速度;k 为波数;δ 为无量纲的波高,$\delta = kH/2$。式(3-26)~式(3-28)中 $\bar{v}_1$、C_0 和 $A_{i'j'}$ 的表达式可以参考 Fenton(1985)的论述[72]。在考虑流的作用时,v_1 需要再加上流速的大小 U[73]。

(2)流固边界

双浮体的运动和周围流体的运动通过流固接触面上流体单元和结构单元的作用力和速度值相等进行双向耦合,固体表面为无滑移表面,表达式如下[74-75]:

$$\boldsymbol{v}_s = \boldsymbol{v} \tag{3-29}$$

$$\boldsymbol{p}_s + \boldsymbol{p}_f = 0 \tag{3-30}$$

式中,$\boldsymbol{v}_s$ 表示固液交界处结构单元的速度矢量;$\boldsymbol{p}_s$ 表示结构单元受到的流体作用力(包括压力和黏性力);$\boldsymbol{p}_f$ 表示流体单元受到的固体的作用力。$\boldsymbol{v}_s$ 通过铰接点的速度和刚体绕穿过铰接点的转轴的转动速度计算得到,计算公式如下:

$$\boldsymbol{v}_s = \dot{\boldsymbol{r}} + \dot{\boldsymbol{\theta}}_i \times (\boldsymbol{r}_s - \boldsymbol{r}) \tag{3-31}$$

式中,$\boldsymbol{r}$ 表示铰接点的位置矢量,即 $\boldsymbol{r} = (r_x \quad 0 \quad r_z)^{\mathrm{T}}$;$\dot{\boldsymbol{\theta}}_i = (0 \quad \dot{\theta}_i \quad 0)^{\mathrm{T}}$,$i=1,2$,分别表示前浮体和后浮体;$\boldsymbol{r}_s$ 表示结构单元的位置矢量。

(3)出口边界

出口边界为压力出口,如图 3-2 所示。出口边界处的压力分布为 $p_{\text{out}} = \rho g z$。此外,为了减少出口边界造成的反射波,从离出口边界不远处(大约一倍波长)开始到出口边界之间水域设置数值消波段,该区域内流体 z 方向的动量方程式(3-2)中等号右边增加了阻尼项 S_d。S_d 的表达式如下[91]:

$$S_d = -\zeta \left(\frac{x - x_s}{x_e - x_s}\right)^2 \frac{z_b - z}{z_b - z_{\text{fs}}} v_z \tag{3-32}$$

式中,ζ 是控制消波程度的参数,初始时可以设置为 10,根据数值消波段的消波效果进行增减,波高较大时,ζ 值可以设置得大一些;x_s 和 x_e 分别是消波段起始截面和结束截面的 x 轴坐标;z_b 和 z_{fs} 分别是消波段底部和自由表面的 z 轴坐标;v_z 为流体单元速度 z 轴方向的分量。

3.3 数值方法

3.3.1 流体运动

本书用运动 FVM 来离散流体的连续方程和动量方程。考虑到本书模拟流体-结构耦合,使用了动网格,式(3-1)的积分形式[76]表示为:

$$\frac{\mathrm{d}}{\mathrm{d}t}\left(\int_{CV}\rho \mathrm{d}V\right) + \int_{A} \boldsymbol{n}_{A} \cdot \rho(\boldsymbol{v} - \boldsymbol{v}_{A})\mathrm{d}A = 0 \quad (3\text{-}33)$$

式(3-2)表示为:

$$\frac{\mathrm{d}}{\mathrm{d}t}\left(\int_{CV}\rho \boldsymbol{v}\mathrm{d}V\right) + \int_{A} \boldsymbol{n}_{A} \cdot \rho \boldsymbol{v}(\boldsymbol{v} - \boldsymbol{v}_{A})\mathrm{d}A = \int_{A} \boldsymbol{n}_{A} \cdot (\boldsymbol{T}' - p\boldsymbol{I})\mathrm{d}A + \int_{CV}\rho \boldsymbol{S}\mathrm{d}V$$

$$(3\text{-}34)$$

式中,CV 为流体控制体积;A 为流体控制体积的界面;$\boldsymbol{n}_A$ 为控制体积界面的单位外法线向量;$\boldsymbol{v}_A$ 为控制体积界面的速度;$\boldsymbol{I}$ 是单位张量;在雷诺时均 N-S 方程中,式(3-2)中的 $\boldsymbol{T}$ 中增加了雷诺切应力项,变为 $\boldsymbol{T}'$:

$$\boldsymbol{T}' = (\mu + \mu_{t})[\nabla \boldsymbol{v} + (\nabla \boldsymbol{v})^{\mathrm{T}}] \quad (3\text{-}35)$$

式中,μ_t 为涡动力黏度,由湍流模型(SST K-Omega)模型计算得出,可以表示为湍流动能(K)和单位紊能耗散率(Omega)的函数[77]。压力场和流速场通过压力的隐式算子分割算法(pressure implicit with splitting of operators,PISO)方法进行耦合[78]。K 和 Omega 的输运方程为:

$$\frac{\mathrm{d}}{\mathrm{d}t}\left(\int_{CV}\rho \varphi \mathrm{d}V\right) + \int_{A} \boldsymbol{n}_{A} \cdot \rho \varphi(\boldsymbol{v} - \boldsymbol{v}_{A})\mathrm{d}A = \int_{A} \boldsymbol{n}_{A} \cdot \Gamma \nabla \varphi \mathrm{d}A + \int_{CV}\rho S_{\varphi}\mathrm{d}V \quad (3\text{-}36)$$

式中,φ 表示 K 或 Omega;Γ 为耗散系数;S_φ 为 φ 的源项。

气体和液体的交界面通过 VOF(volume of fluid)[79]方法进行追踪,该方法假设气相和液相共存的流体控制体积里,该两相流体共享流速和压力,因而在气液交界面内的流体控制体积里的方程与式(3-33)~式(3-36)一致。这些气液相共存的控制体积里的等效流体的物理特性参数根据各相流体的特性及其体积分数计算得出:

$$\rho = \alpha \rho_{l} + (1 - \alpha)\rho_{g} \quad (3\text{-}37)$$

$$\mu = \alpha\mu_1 + (1-\alpha)\mu_g \tag{3-38}$$

式中，α 为液体的体积分数，$\alpha=1$ 表示控制体积里充满液体，$\alpha=0$ 表示控制体积里充满气体；ρ_1 和 ρ_g 分别表示液体和气体的密度；μ_1 和 μ_g 分别表示液体和气体的动力黏度。α 的输运方程为：

$$\frac{\mathrm{d}}{\mathrm{d}t}\left(\int_{CV}\alpha \mathrm{d}V\right) + \int_A \bm{n}_A \cdot \alpha(\bm{v}-\bm{v}_A)\mathrm{d}A = 0 \tag{3-39}$$

3.3.2 结构运动

三自由度的双浮体运动方程所采用的数值模型如下所述。

由式(3-15)~式(3-17)可分别求得：

$$\ddot{r}_z = f_1(t, \dot{r}_z, \dot{\theta}_1, \dot{\theta}_2, r_z, \theta_1, \theta_2) \tag{3-40}$$

$$\ddot{\theta}_1 = f_2(t, \dot{r}_z, \dot{\theta}_1, \dot{\theta}_2, r_z, \theta_1, \theta_2) \tag{3-41}$$

$$\ddot{\theta}_2 = f_3(t, \dot{r}_z, \dot{\theta}_1, \dot{\theta}_2, r_z, \theta_1, \theta_2) \tag{3-42}$$

此外

$$\dot{r}_z = f_4(t, \dot{r}_x, \dot{r}_z, \dot{\theta}_1, \dot{\theta}_2, r_x, r_z, \theta_1, \theta_2) = \dot{r}_z \tag{3-43}$$

$$\dot{\theta}_1 = f_5(t, \dot{r}_x, \dot{r}_z, \dot{\theta}_1, \dot{\theta}_2, r_x, r_z, \theta_1, \theta_2) = \dot{\theta}_1 \tag{3-44}$$

$$\dot{\theta}_2 = f_6(t, \dot{r}_x, \dot{r}_z, \dot{\theta}_1, \dot{\theta}_2, r_x, r_z, \theta_1, \theta_2) = \dot{\theta}_2 \tag{3-45}$$

用龙格-库塔法（RK 法）来求解式(3-40)~式(3-45)中的 6 个方程。对于偏微分问题 $\dot{y}=f(t,y)$，$y(t_0)=y_0$ 的龙格-库塔法步骤如下：

$$y^{n+1} = y^n + \frac{\Delta t}{6}(k_1 + 2k_2 + 2k_3 + k_4) \tag{3-46}$$

$$t^{n+1} = t^n + \Delta t \tag{3-47}$$

式中，上角标 n 和 $n+1$ 分别表示第 n 和第 $n+1$ 个时间步；Δt 表示时间步长；系数 k_1、k_2、k_3 和 k_4 表达式[80]如下：

$$k_1 = f(t^n, y^n) \tag{3-48}$$

$$k_2 = f\left(t^n + \frac{\Delta t}{2}, y^n + \frac{\Delta t}{2}k_1\right) \tag{3-49}$$

$$k_3 = f\left(t^n + \frac{\Delta t}{2}, y^n + \frac{\Delta t}{2}k_2\right) \tag{3-50}$$

$$k_4 = f(t^n + \Delta t, y^n + \Delta t k_3) \tag{3-51}$$

在 t^n 时刻,用上述龙格-库塔法求解式(3-40)~式(3-45)共 6 个方程,得到 t^{n+1} 时刻的 $\dot{r}_z$、$\dot{\theta}_1$、$\dot{\theta}_2$、r_z、θ_1 和 θ_2 的值:

$$\dot{r}_z^{n+1} = \dot{r}_z^n + \frac{\Delta t}{6}(k_{1,1} + 2k_{2,1} + 2k_{3,1} + k_{4,1}) \tag{3-52}$$

$$\dot{\theta}_1^{n+1} = \dot{\theta}_1^n + \frac{\Delta t}{6}(k_{1,2} + 2k_{2,2} + 2k_{3,2} + k_{4,2}) \tag{3-53}$$

$$\dot{\theta}_2^{n+1} = \dot{\theta}_2^n + \frac{\Delta t}{6}(k_{1,3} + 2k_{2,3} + 2k_{3,3} + k_{4,3}) \tag{3-54}$$

$$r_z^{n+1} = r_z^n + \frac{\Delta t}{6}(k_{1,4} + 2k_{2,4} + 2k_{3,4} + k_{4,4}) \tag{3-55}$$

$$\theta_1^{n+1} = \theta_1^n + \frac{\Delta t}{6}(k_{1,5} + 2k_{2,5} + 2k_{3,5} + k_{4,5}) \tag{3-56}$$

$$\theta_2^{n+1} = \theta_2^n + \frac{\Delta t}{6}(k_{1,6} + 2k_{2,6} + 2k_{3,6} + k_{4,6}) \tag{3-57}$$

式中,$k_{1,i}$、$k_{2,i}$、$k_{3,i}$ 和 $k_{4,i}$ ($i=1,2,\cdots,6$) 的表达式如下:

$$k'_{1,i} = f_i(t^n, \dot{r}_z^n, \dot{\theta}_1^n, \dot{\theta}_2^n, r_z^n, \theta_1^n, \theta_2^n) \tag{3-58}$$

$$k_{2,i} = f_i\left(t^n + \frac{\Delta t}{2}, \dot{r}_z^n + \frac{\Delta t}{2}k_{1,1}, \dot{\theta}_1^n + \frac{\Delta t}{2}k_{1,2}, \dot{\theta}_2^n + \frac{\Delta t}{2}k_{1,3}, r_z^n + \frac{\Delta t}{2}k_{1,4}, \theta_1^n + \frac{\Delta t}{2}k_{1,5}, \theta_2^n + \frac{\Delta t}{2}k_{1,6}\right) \tag{3-59}$$

$$k_{3,i} = f_i\left(t^n + \frac{\Delta t}{2}, \dot{r}_z^n + \frac{\Delta t}{2}k_{2,1}, \dot{\theta}_1^n + \frac{\Delta t}{2}k_{2,2}, \dot{\theta}_2^n + \frac{\Delta t}{2}k_{2,3}, r_z^n + \frac{\Delta t}{2}k_{2,4}, \theta_1^n + \frac{\Delta t}{2}k_{2,5}, \theta_2^n + \frac{\Delta t}{2}k_{2,6}\right) \tag{3-60}$$

$$k_{4,i} = f_i\left(t^n + \Delta t, \dot{r}_z^n + \Delta t k_{3,1}, \dot{\theta}_1^n + \Delta t k_{3,2}, \dot{\theta}_2^n + \Delta t k_{3,3}, r_z^n + \Delta t k_{3,4}, \theta_1^n + \Delta t k_{3,5}, \theta_2^n + \Delta t k_{3,6}\right) \tag{3-61}$$

在 t_n 时刻,$f_i(t^n, \dot{r}_z^n, \dot{\theta}_1^n, \dot{\theta}_2^n, r_z^n, \theta_1^n, \theta_2^n)$ 式中的前浮体受到的波浪激励力 $\boldsymbol{F}_1$ [即 $(F_{1x}^n, 0, F_{1z}^n)$] 和 $\boldsymbol{M}_1$ [即 $(0, M_1^n, 0)$] 以及后浮体受到的波浪激励力 $\boldsymbol{F}_2$ [即 $(F_{2x}^n, 0, F_{2z}^n)$] 和 $\boldsymbol{M}_2$ [即 $(0, M_2^n, 0)$] 表达式如下:

$$F_j^n = \int_{S_j} \boldsymbol{n} \cdot (\boldsymbol{T}' - p\boldsymbol{I}) \mathrm{d}s \tag{3-62}$$

$$\boldsymbol{M}_j^n = \int_{S_j} (\boldsymbol{r}_s^n - \boldsymbol{r}_j^n) \times (\boldsymbol{T}' - p\boldsymbol{I}) \cdot \boldsymbol{n} \mathrm{d}s \tag{3-63}$$

式中,$j=1,2$ 分别表示前浮体和后浮体;S_j 表示浮体的表面;$\boldsymbol{r}_s^n$ 表示 t_n 时刻浮体表面单元的位置矢量;$\boldsymbol{r}_j^n$ 表示 t_n 时刻浮体的重心位置矢量。

3.3.3 边界条件

数学模型中列出的边界条件方程式(3-26)~式(3-32)中将各变量的值均代入第 n 时间步的值,即得到第 n 时间步的边界条件方程:

入口边界

$$v_1^n = C_0 \left(\frac{g}{k^3}\right)^{1/2} \sum_{i'=1}^{5} \delta^{i'} \sum_{j'=1}^{i'} j'kA_{i'j'}\cosh j'kz\cos j'k(x-ct^n) + c - \overline{v}_1 \tag{3-64}$$

$$v_2^n = 0 \tag{3-65}$$

$$v_3^n = C_0 \left(\frac{g}{k^3}\right)^{1/2} \sum_{i'=1}^{5} \delta^{i'} \sum_{j'=1}^{i'} j'kA_{i'j'}\sinh j'kz\sin j'k(x-ct^n) \tag{3-66}$$

式中,v_1^n、v_2^n 和 v_3^n 分别表示第 n 时间步水质点在 x 轴、y 轴和 z 轴方向的速度;在考虑流的作用时,v_1^n 需要再加上流速的大小 U。

流固边界

$$\boldsymbol{v}_s^n = \boldsymbol{v}^n \tag{3-67}$$

$$\boldsymbol{p}_s^n + \boldsymbol{p}_f^n = 0 \tag{3-68}$$

$$\boldsymbol{v}_s^n = \dot{\boldsymbol{r}}^n + \dot{\boldsymbol{\theta}}_i^n \times (\boldsymbol{r}_s^n - \boldsymbol{r}^n) \tag{3-69}$$

式中,$\boldsymbol{v}_s^n$ 表示第 n 时间步固液交界处结构单元的速度矢量;$\boldsymbol{v}^n$ 表示第 n 时间步流体速度矢量;$\boldsymbol{p}_s^n$ 表示第 n 时间步结构单元受到的流体作用力(包括压力和黏性力);$\boldsymbol{p}_f^n$ 表示第 n 时间步流体单元受到的固体的作用力;$\boldsymbol{r}^n$ 表示第 n 时间步铰接点的位置矢量,即 $\boldsymbol{r} = (r_x^n \quad 0 \quad r_z^n)^\mathrm{T}$;$\dot{\boldsymbol{\theta}}_i^n = (0 \quad \dot{\theta}_i^n \quad 0)^\mathrm{T}$;$i=1,2$ 分别表示前浮体和后浮体;$\boldsymbol{r}_s^n$ 表示第 n 时间步结构单元的位置矢量。

出口边界

$$S_d^n = -\zeta \left(\frac{x-x_s}{x_e-x_s}\right)^2 \frac{z_b-z}{z_b-z_{fs}} v_z^n \tag{3-70}$$

式中,S_d^n 为第 n 时间步消波区域内的阻尼源项;v_z^n 为第 n 时间步流体单元速度 z 轴方向的分量。

3.3.4 波高检测及性能参数

在所建立的三维 NWT 中,可以在感兴趣的位置设置"数值波高仪",在该位置建立一特定宽度的横截面,对该横截面上水的体积分数进行积分,积分结果与横截面宽度的比值即为该位置的水位,其与初始静止水位的差值即为波高。如图 3-2 所示设置 3 个波高仪,在前浮体前方设置 2 个波高仪,后浮体后方设置 1 个波高仪。

前方 2 个波高仪监测的 2 条波高曲线用于计算反射波波高。本书采用 Goda 两点法计算得到反射波波高 H_r[81-82],从而,波浪反射率 C_r 的表达式如下:

$$C_r = \frac{H_r}{H} \tag{3-71}$$

后方 1 个波高仪监测的波高曲线用于计算透射波波高 H_t。波浪透射率 C_t 的表达式如下:

$$C_t = \frac{H_t}{H} \tag{3-72}$$

根据能量守恒原理,总耗散率 ζ_d 通过下式得出:

$$C_t^2 + C_r^2 + \zeta_d = 1 \tag{3-73}$$

ζ_d 包括动力耗散效率 η 和黏性耗散率 ζ_d'。η 通过阻尼系统所消耗的波浪能与浮体横向宽度内入射波浪的波浪能之比得出:

$$\eta = \frac{P_d}{BP_{in}} \times 100\% \tag{3-74}$$

式中,P_d 为一个波周期内阻尼系统所耗散的波浪能的平均功率;P_{in} 为一个波周期内单位宽度入射波平均功率,表达式如下:

$$P_{in} = \frac{\rho_1 g H^2}{8} \frac{\omega}{2k} \left[1 + \frac{2kD_0}{\sinh(2kD_0)} \right] \tag{3-75}$$

式中,ρ_1 为液体密度;ω 为波频。

ζ_d' 可以通过下式求解:

$$\eta + \zeta_d' = \zeta_d \tag{3-76}$$

由此,评价双浮体俘能消波装置性能的重要参数 C_r、C_t、η、ζ'_d 和 ζ_d 均得以求解。

3.3.5 计算流程及动网格

本书采用双向耦合求解流体与双浮体装置的相互作用,计算流程如图 3-5 所示。在第 n 时间步开始时刻,上一时间步即第 $(n-1)$ 时间步的流场 v^{n-1} 是已知的,根据第 $(n-1)$ 时间步末双浮体的受力状态可以求出浮体的运动,即 $\dot{r}_x^n$、$\dot{r}_z^n$、$\dot{\theta}_1^n$、$\dot{\theta}_2^n$、r_x^n、r_z^n、θ_1^n 和 θ_2^n 是已知的。在第 n 时间步,首先采用动网格技术,根据 $\dot{r}_x^n$、$\dot{r}_z^n$、$\dot{\theta}_1^n$、$\dot{\theta}_2^n$、r_x^n、r_z^n、θ_1^n 和 θ_2^n 的大小更新网格。而后,采用更新后的网格及双浮体边界条件计算第 n 时间步的流场 v^n。流场 v^n 取得后,对浮体表面的压力进行积分,求解浮体的受力情况,将受力 F_1^n、F_2^n、M_1^n 和 M_2^n 传输给结构运动求解模块,采用 RK 法求解浮体的运动响应 $\dot{r}_x^{n+1}$、$\dot{r}_z^{n+1}$、$\dot{\theta}_1^{n+1}$、$\dot{\theta}_2^{n+1}$、r_x^{n+1}、r_z^{n+1}、θ_1^{n+1} 和 θ_2^{n+1}。v^n、$\dot{r}_x^{n+1}$、$\dot{r}_z^{n+1}$、$\dot{\theta}_1^{n+1}$、$\dot{\theta}_2^{n+1}$、r_x^{n+1}、r_z^{n+1}、θ_1^{n+1} 和 θ_2^{n+1} 传输到下一时间步,即第 $(n+1)$ 时间步,作为初始条件,也在第 $(n+1)$ 时间步的最开始采用动网格技术,根据 $\dot{r}_x^{n+1}$、$\dot{r}_z^{n+1}$、$\dot{\theta}_1^{n+1}$、$\dot{\theta}_2^{n+1}$、r_x^{n+1}、r_z^{n+1}、θ_1^{n+1} 和 θ_2^{n+1} 更新网格,如此反复,实现双向耦合求解流体跟双浮体装置的相互作用。

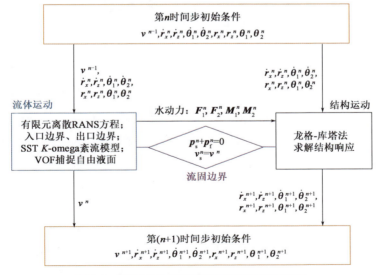

图 3-5 流体与双浮体装置相互作用计算流程框图

图 3-6 给出了双浮体运动时浮体周围网格动态更新情况。本书采用结构化六面体网格对 NWT 及其中的双浮体进行网格划分，在每个时间步初始时刻采用动网格技术更新双浮体的位置。所采用的动网格技术为基于如下扩散方程的平滑方法[83]：

$$\nabla \cdot (\gamma_m \nabla u_m) = 0 \quad (3-77)$$

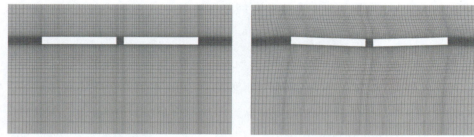

a)初始时刻　　　　　　　　　b)后浮体相对前浮体逆时针转动时刻

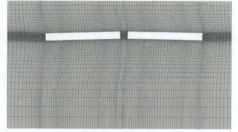

c)后浮体相对前浮体顺时针转动时刻

图 3-6　双浮体周围网格动态更新图(立面)

式中，γ_m 为扩散系数；u_m 为网格运动速度。该方程的边界条件即为双浮体结构表面网格节点的位置及其运动速度。通过式(3-77)将双浮体结构表面网格节点的运动速度扩散至周围的动网格区域，使得紧贴结构表面的网格不至于发生大畸变，避免负网格出现导致计算终止。网格的 γ_m 较大时，网格更新的时候网格之间相互靠近；γ_m 较小时，网格之间相互靠近较小。网格的 γ_m 根据其至最近边界的距离计算得出：

$$\gamma_m = \frac{1}{d_m^\tau} \quad (3-78)$$

式(3-78)中，d_m 为网格节点至最近边界的距离；τ 为控制扩散程度的参数，在 0~2 之间取值，取 0 时，$\gamma_m = 1$，网格间距均匀地变化，对于涉及网格旋转的问题,建议 τ 取 1.5。采用单元中心有限体积法离散式(3-77)求解 u_m,而后采用反距离加权插值法求解各个节点的速度,更新网格位置。采用该结构化网格的动网格技术,相比于非结构化网格,网格数且大幅度减小,并且不需要在每个时间步进行网格重划分,大幅减少了计算耗时。

3.4 模型设置

本章对放置在 NWT 中的桩约束的铰接双浮体俘能消波浮式结构体在规则波作用下的响应及性能进行初步的模拟研究。本节详细介绍所采用模型的设置和参数选取。

考虑桩约束(3-DOF)的铰接双浮体俘能消波浮式结构体与波浪和水流的综合作用。假设桩足够细,对于水域流场分布的影响可忽略,桩光滑不提供摩擦力,只考虑桩的约束作用。双浮体俘能消波浮式结构体主体部分为图 3-7 所示的长方体浮体,前浮体长度为 L_f,后浮体长度为 L_a,宽度为 B,高度为 D。假设浮体均为刚体。NWT 的长度为 L_0,宽度为 B_0,高度为 D_0,浮体的宽度 B 仅比水域宽度 B_0 稍小一些。本章仅考虑波浪入射角为 0°,水流方向跟波浪传播方向一致的情况。双浮体的铰接点沿着 y 轴方向(桩方向)垂荡,前后双浮体均绕穿过铰接点平行于 y 轴的转动轴纵摇。双浮体之间设置动力耗散系统,前后浮体之间发生相对转动时,动力耗散系统做功耗能,从而实现浮能消波的目的。

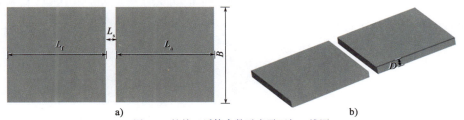

图 3-7 铰接双浮体参数示意平面与三维图

本节所探究的模型的几何和物理参数见表 3-1。

表 3-1 3-DOF 双浮体模型几何和物理参数

参数	单位	数值
前浮体长度 L_f	m	2.0
后浮体长度 L_a	m	2.0

续上表

参数	单位	数值
浮体宽度 B	m	1.8
浮体高度 D	m	0.2
浮体浸没深度 D_r	m	0.1
浮体间距 l_s	m	0.5
弯矩阻尼系数 γ	N·m·s	0~4000
水槽长度 L_0	m	36.0
水槽宽度 B_0	m	2.0
水槽深度 D_0	m	0.8

3.5 收敛性分析与模型验证

基于势流理论,Newman(1994)[92]和Sun等(2011)[93]对铰接双浮体在规则波作用下的动力响应进行了研究。浮体为正方形截面,每个浮体长40m,宽10m,吃水5m,间距10m,水深足够大。Newman(1994)指出在其计算中纵荡和纵摇未有耦合,且由于其采用微幅波理论,双浮体纵荡幅度较小,可以忽略。因而,本节采用第2章展示的3-DOF结构与流体相互作用的数值模型对上述双浮体进行数值模拟,双浮体动力响应结果进行无量纲化后与Newman(1994)和Sun等(2011)的结果进行对比:

$$\overline{D}_z = \frac{1}{H}D_z , \overline{\theta}_y = \frac{1}{kH}\theta_y \tag{3-79}$$

式中,D_z和$\overline{D}_z$分别为有量纲和无量纲铰接处的垂荡位移幅值;θ_y和$\overline{\theta}_y$分别为有量纲和无量纲的双浮体之间相对转角的幅值。采用结构化网格对NWT及其中的双浮体进行划分网格,如图3-8所示。网格的多少影响了数值模拟的计算精度,进行网格数量收敛性分析,用于确定计算收敛时的网格数量。

由图3-9可看出,在NWT的网格数N_e达到350000以上时,网格数对$\overline{D}_z$和$\overline{\theta}_y$几乎没有影响。因而,对于$T=7s$的波况,采用350000的网格数。在下文其他算例中,同样进行了类似的网格收敛性分析,并且达到了收敛。

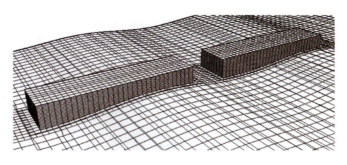

图 3-8　双浮体和水面网格划分情况

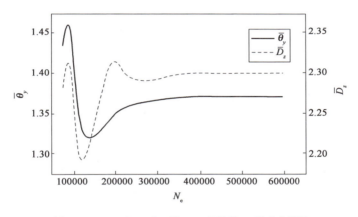

图 3-9　$T=7\mathrm{s}$ 时，D_z 和 y 随 NWT 网格数 N_e 的变化情况

图 3-10 给出了本书模拟的上述双浮体在波周期为 5~12s 时的 $\overline{D}_z$ 和 $\overline{\theta}_y$，并与 Newman(1994) 和 Sun 等(2011) 的结果进行比较。注意到，在波周期小于 7s 时，本书的模拟结果 $\overline{D}_z$ 比基于势流理论的结果小，可能是由于在该波周期范围内，雷诺数处于 2.6×10^6~3.6×10^6 之间，流体中黏性力的影响不可忽略[84]。而在波周期大于 7s(波长大于 75m) 时，本书的模拟结果 $\overline{\theta}_y$ 比基于势流理论的结果稍大一些(约 5%)，也许是由于在该波周期范围内，雷诺数处于 1.6×10^6~2.2×10^6 之间，KC(所受的黏性力相对惯性力之间关系的无量纲数)值处于 0.62~0.69 之间，在浮体的两端作用有由黏性引起的额外拖曳力，使得转动幅度变大一些。总的来说，本书模拟的结果与该两位学者的结果吻合良好，本书所采用的数值模型能有效地模拟铰接双浮体在波浪作用下的运动响应。

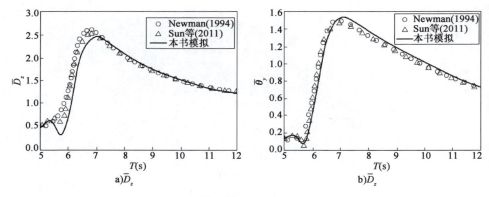

图 3-10 $\overline{D}_z$ 和 $\overline{\theta}_y$ 随波周期的变化情况

3.6 结果与讨论

本节的结果均采用以下无量纲化的物理量：

$$\left.\begin{array}{c} \dfrac{\overline{T}}{T} = \dfrac{\sqrt{gD_0}}{H}, \quad \dfrac{\overline{\omega}}{\omega} = \dfrac{H}{\sqrt{gD_0}}, \quad \dfrac{\overline{\gamma}}{\gamma} = \dfrac{\sqrt{gD_0}}{\rho g H^3 (L_\mathrm{f} + L_\mathrm{a}) B}, \quad \dfrac{\overline{U}}{U} = \dfrac{1}{\sqrt{gD_0}} \\[2mm] \eta = \dfrac{P_\mathrm{d}}{BP_\mathrm{in}} \times 100\% \\[2mm] C_\mathrm{t} = \dfrac{H_\mathrm{t}}{H} \end{array}\right\} \quad (3\text{-}80)$$

式中，$\overline{T}$ 表示无量纲的波浪的周期；$\overline{\omega}$ 表示无量纲的波浪的角频率；$\overline{\gamma}$ 表示无量纲的阻尼系数；$\overline{U}$ 表示无量纲的流速；η 表示浮体结构的动力耗散率；C_t 为浮体结构的波浪透射率；P_d 为一个波周期内动力耗散系统俘获波浪能的平均功率；P_in 为一个波周期内单位宽度入射波平均功率，表达式为：

$$P_\mathrm{in} = \dfrac{\rho_1 g H^2}{8} \dfrac{\omega}{2k} \left[1 + \dfrac{2kD_0}{\sinh(2kD_0)} \right]$$

式中，ρ_1 为液体密度；ω 为波频。

P_d 的表达式为：

$$P_\mathrm{d} = \dfrac{1}{T} \int_{t_0}^{t_0+T} \gamma \dot{\theta}^2 \, \mathrm{d}t \qquad (3\text{-}81)$$

式中，t_0 为双浮体运动响应开始稳定的时间；$\dot{\theta}$ 为双浮体间的相对转角速度。采用 Goda 两点法计算得到反射波波高 H_r[81-82]，从而，波浪反射率 C_r 的表达式为：

$$C_r = \frac{H_r}{H}$$

后方 1 个波高仪监测的波高曲线用于计算透射波波高 H_t。波浪透射率 C_t 的表达式为：

$$C_t = \frac{H_t}{H}$$

根据能量守恒原理，总耗散率 ζ_d 通过下式得出：

$$C_t^2 + C_r^2 + \zeta_d = 1$$

其中，ζ_d 包括动力耗散效率 η 和黏性耗散率 ζ_d'。

在波浪和流同时输入的情况下，计算 P_{in} 时，简单地认为波浪"骑"在流上[85]，其表达式为：

$$P_{in} = \frac{\rho g H^2}{8} \left\{ \frac{\omega}{2k} \left[1 + \frac{2kD_0}{\sinh(2kD_0)} \right] + U \right\} \quad (3-82)$$

本节研究阻尼系数、波浪参数和流速对该 3-DOF 双浮体结构俘能和消波性能的影响，对比黏性流体和无黏流体下消能的性能。

3.6.1 阻尼系数的影响

学者们针对 WEC 的 PTO 系统对于浮式结构体俘获波浪能效率的影响进行了广泛的研究[94-95,86]，其中线性 PTO 系统的阻尼系数是最基本的参数。本小节研究线性阻尼系数对于双浮体俘能消波浮式结构体的动力耗散率和波浪透射率的影响。

图 3-11 给出了波高 $H/D = 0.45$，频率 $\overline{\omega} = 0.101$ 时，动力耗散率 η 和波浪透射率 C_t 随无量纲阻尼系数 $\overline{\gamma}$ 的变化情况。从图 3-11 中可以看出，在 $\overline{\gamma} = 0 \sim 54.5$ 时，η 随着 $\overline{\gamma}$ 的增大而快速增加，在 $\overline{\gamma} = 54.5$ 时达到最大值 38.5%，而后慢慢减小。C_t 随 $\overline{\gamma}$ 的变化情况正好相反，在 $\overline{\gamma} = 0 \sim 54.5$ 时，C_t 随着 $\overline{\gamma}$ 的增大而迅速减小，达到最小值 0.626 后，随着 $\overline{\gamma}$ 的增大而缓慢增大，且增大速度趋于平缓。

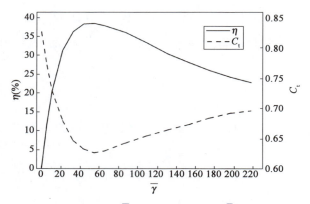

图 3-11　$H/D=0.45$, $\bar{\omega}=0.10$ 时, η 和 C_t 随 $\bar{\gamma}$ 的变化情况

表 3-2 显示 $\bar{\gamma}=0$、54.5、200 时, 双浮体结构体的 η 和 C_t。实际上, $\bar{\gamma}=0$ 表示铰接双浮体结构体之间未设置动力耗散系统的情况, 其 C_t 为 0.827。而在最优阻尼 $\bar{\gamma}=54.5$ 的情况下, $\eta=38.5\%$, C_t 为 0.626。在阻尼比较大时, 如 $\bar{\gamma}=200$, $\eta=24.0\%$, C_t 为 0.692。$\bar{\gamma}=54.5$ 和 $\bar{\gamma}=200$ 时的 C_t 相比于 $\bar{\gamma}=0$ 时的 C_t 分别小 24.3% 和 16.3%。从消波角度考虑, C_t 越小, 消波浮式结构体的性能越好。从该角度评价, 双浮体结构体的两浮体之间设置合适动力耗散系统时的消波性能比未设置动力耗散系统时的性能好。

典型阻尼系数时, 双浮体结构体的 η 和 C_t　　表 3-2

阻尼系数 $\bar{\gamma}$	$\eta(\%)$	C_t
0	0	0.827
54.5	38.5	0.626
200	24.0	0.692

综上所述, 动力耗散率越大, 波浪透射率越小; 也可以看出, 存在最优的阻尼系数, 使得所测试的双浮体结构体在所测试的波况中动力耗散率最大, 波浪透射率最小。该最优阻尼与波浪能转换浮式结构体中存在的使得波浪能俘获宽度比最大的阻尼类似[94]。

3.6.2　波浪参数的影响

学者们大量研究发现, 波浪要素(波频和波高)对于浮式结构体的波浪能俘获阻尼耗散率有着重要的影响[94,95],本小节研究波浪参数对于双浮体俘能消波浮式结构体的动力耗散率和波浪透射率的影响。

图 3-12 给出了 $\bar{\gamma}=54.5$, $H/D=0.45$、0.50 时,动力耗散率 η 和波浪透射率 C_t 随波频 $\bar{\omega}$ 的变化情况。当 $\bar{\omega}$ 处于 $0.084\sim0.112$ 之间,波高 $H/D=0.45$、0.50 时,η 均随着 $\bar{\omega}$ 的增大而增大,在 $\bar{\omega}=0.112$ 时分别达到最大值 42.8%($H/D=0.45$)和 40.9%($H/D=0.50$),而后随着 $\bar{\omega}$ 的增大而减小。总体而言,两个波高之间的动力耗散率的差异在共振频率 $\bar{\omega}=0.112$ 附近比低波频和高波频时大。如表 3-3 所示,在低波频 $\bar{\omega}=0.084$ 时,$H/D=0.45$、0.50 波况下的 η 分别为 30.2% 和 28.8%,相对偏差 4.6%;在高波频 $\bar{\omega}=0.135$ 时,$H/D=0.45$、0.50 波况下的 η 分别为 37.2% 和 35.9%,相对偏差 3.7%;在共振频率附近的波频 $\bar{\omega}=0.119$ 时,$H/D=0.45$、0.50 波况下的 η 分别为 42.1% 和 39.8%,相对偏差 5.7%。

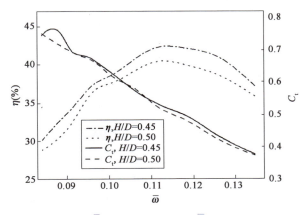

图 3-12 $\bar{\gamma}=54.5$ 时,η 和 C_t 随 $\bar{\omega}$ 的变化情况

由图 3-12 还可以看出,大多情况下,C_t 随着波频的增大而减小,在所测的波频范围内,$H/D=0.45$,0.50 时,C_t 分别处于 $0.378\sim0.762$ 和 $0.374\sim0.751$ 之间。总体而言,H/D 对于 C_t 的影响比较小。如表 3-4 所示,在低波频 $\bar{\omega}=0.084$ 时,$H/D=0.45$、0.50 波况下的 C_t 分别为 0.746 和 0.752,相对偏差 0.8%;在高波频 $\bar{\omega}=0.135$ 时,$H/D=0.45$、0.50 波况下的 C_t 分别为 0.378 和 0.374,相对偏差 1.1%;在共振频率附近的波频 $\bar{\omega}=0.119$ 时,$H/D=0.45$、0.50 波况下的 C_t 分别为 0.494 和 0.479,相对偏差 3.1%。

典型波况时,双浮体结构体的 η 表 3-3

参数		$\bar{\omega}=0.084$	$\bar{\omega}=0.119$	$\bar{\omega}=0.135$
$\eta(\%)$	$H/D=0.45$	30.2	42.1	37.2
	$H/D=0.50$	28.8	39.8	35.9
相对偏差(%)		4.6	5.7	3.7

典型波况时,双浮体结构体的 C_t 表 3-4

参数		$\bar{\omega}=0.084$	$\bar{\omega}=0.119$	$\bar{\omega}=0.135$
C_t	$H/D=0.45$	0.746	0.494	0.378
	$H/D=0.50$	0.752	0.479	0.374
相对偏差(%)		0.8	3.1	1.1

综上所述,动力耗散率随着波频的增大而增大,达到最大值后,随着波频的增大而减小,其随波频的变化规律与浮式结构体的俘获宽度随波频的变化规律类似。大多情况下,波浪透射率随着波频的增大而减小。波高对于动力耗散率的影响比对波浪透射率的影响大。

3.6.3 流速的影响

为了说明流速对于动力耗散率和波浪透射率的影响,本小节测试了一系列的流速 $\bar{U}=0\sim0.25$ 中双浮体俘能消波铰接结构体的动力耗散率和波浪透射率的表现。

图 3-13a)中给出了 $H/D=0.45$,$\bar{\gamma}=54.5$ 时,η 随 $\bar{\omega}$ 和 $\bar{U}$ 的变化情况。由图 3-13a)可以看出,每个 $\bar{U}$ 下均有对应的最优频率 $\bar{\omega}_{opt}$ 使得 η 最大。典型波流条件下,双浮体结构体的 η 的结果见表 3-5。$\bar{\omega}=0.084$ 时,$\bar{U}=0.000$、0.178、0.250 对应的 η 分别为 30.2%、9.6% 和 9.0%;$\bar{\omega}=0.119$ 时,$\bar{U}=0.000$、0.178、0.250 对应的 η 分别为 42.1%、25.4% 和 29.2%;$\bar{\omega}=0.144$ 时,$\bar{U}=0.000$、0.178、0.250 对应的 η 分别为 13.7%、17.8% 和 13.2%。$\bar{\omega}=0.084$ 时,η 随着 $\bar{U}$ 增大而减小;$\bar{\omega}=0.144$,η 随着 $\bar{U}$ 增大而先增大后减小。

图 3-13b)中给出了 $H/D=0.45$,$\bar{\gamma}=54.5$ 时,C_t 随 $\bar{\omega}$ 和 $\bar{U}$ 的变化情况。由图 3-13b)可以看出,$\bar{\omega}$ 越大 $\bar{U}$ 越小时,C_t 越小。典型波流条件下,双浮体结构体的 C_t 的结果见表 3-6。$\bar{\omega}=0.084$ 时,$\bar{U}=0.000$、0.178、0.250 对应的 C_t 分别为

0.746、0.882 和 0.922；$\bar{\omega}$ = 0.119 时，$\bar{U}$ = 0.000、0.178 和 0.250 对应的 C_t 分别为 0.494、0.759 和 0.811；$\bar{\omega}$ = 0.144 时，$\bar{U}$ = 0.000、0.178 和 0.250 对应的 C_t 分别为 0.293、0.389 和 0.433；$\bar{\omega}$ = 0.084、0.119、0.144 时，C_t 均随着流速增大而增大。

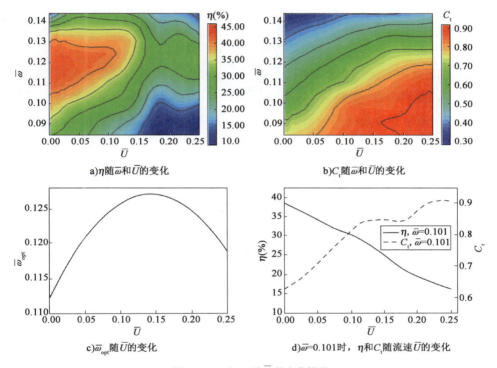

a) η 随 $\bar{\omega}$ 和 $\bar{U}$ 的变化

b) C_t 随 $\bar{\omega}$ 和 $\bar{U}$ 的变化

c) $\bar{\omega}_{opt}$ 随 $\bar{U}$ 的变化

d) $\bar{\omega}$ = 0.101 时，η 和 C_t 随流速 $\bar{U}$ 的变化

图 3-13 η 和 C_t 随 $\bar{U}$ 的变化情况

针对上文所述的图 3-13a) 可以看出，每个 $\bar{U}$ 下均有对应的 $\bar{\omega}_{opt}$ 使得 η 最大，图 3-13c) 给出了该 $\bar{\omega}_{opt}$ 随 $\bar{U}$ 的变化情况。可以看出，$\bar{U}$ 处于 0～0.145 之间时，$\bar{\omega}_{opt}$ 随着 $\bar{U}$ 增大而增大，$\bar{U}$ = 0 时 $\bar{\omega}_{opt}$ 为 0.112，在 $\bar{U}$ = 0.145 时达到最大值 0.127，而后 $\bar{\omega}_{opt}$ 随着 $\bar{U}$ 增大而减小，$\bar{U}$ = 0.250 时，$\bar{\omega}_{opt}$ = 0.119。总体来看，$\bar{U}$ 处于 0～0.250 之间时，$\bar{\omega}_{opt}$ 处于 0.112～0.127 之间。

针对上文所述的图 3-13a) 和图 3-13b)，图 3-13d) 给出了 $\bar{\omega}$ = 0.101 时，η 和 C_t 随流速 $\bar{U}$ 的变化。可以看出，$\bar{\omega}$ = 0.101 时，随着 $\bar{U}$ 的增大，η 从 38.4% 减小至 16.2%，C_t 从 0.626 增大至 0.906。多数情况下，$\bar{U}$ 越大，η 越小，C_t 越大。

典型波流时,双浮体结构体的 η　　　　　　　　　表 3-5

$\bar{\omega}$	$\eta(\%)$		
	$\bar{U}=0.00$	$\bar{U}=0.17$	$\bar{U}=0.25$
0.084	30.2	9.6	9.0
0.119	42.1	25.4	29.2
0.144	13.7	17.8	13.2

典型波流时,双浮体结构体的 C_t　　　　　　　　　表 3-6

$\bar{\omega}$	C_t		
	$\bar{U}=0.00$	$\bar{U}=0.17$	$\bar{U}=0.25$
0.084	0.746	0.882	0.922
0.119	0.494	0.759	0.811
0.144	0.293	0.389	0.433

综上所述,多数情况下,同一波频时随着流速的增大,动力耗散率减小,波浪透射率增大。动力耗散率最大时所对应的最优波频随着流速的增大先增大后减小。

3.6.4 黏性的影响

流体黏性对于单浮体波浪能浮式结构体在波浪中运动特性的影响已经被广泛研究[96-100],本小节对比研究双浮体俘能消波浮式结构体在黏性流体和无黏流体中的性能。

图 3-14 所示为黏性流体与无黏流体的 η 和 C_t 随 $\bar{\omega}$ 变化情况的对比。给出了 $H/D=0.45, \gamma=54.5, \bar{U}=0$ 和 0.18 时,黏性流体($\mu=8.8871\times10^{-4} \text{N·s/m}^2$,即水的动力黏度)与无黏流体的 η 和 C_t 随 $\bar{\omega}$ 的变化情况的对比。无黏流体和黏性流体的 η 和 C_t 随 $\bar{\omega}$ 的变化趋势总体上保持一致,但在数值上有所偏差。无黏流体和黏性流体之间 η 和 C_t 的相对偏差见表 3-7。在 $\bar{U}=0$ 时,η 和 C_t 的平均相对偏差分别低至 0.6% 和 0.9%。$\bar{U}=0$ 时,η 的最大相对偏差发生在 $\bar{\omega}=0.096$,此时无黏流体和黏性流体的 η 分别为 35.7% 和 36.5%,偏差 2.0%。$\bar{U}=0$ 时,C_t 的最大相对偏差发生在 $\bar{\omega}=0.096$,此时无黏流体和黏性流体的 η 分别为 0.769 和 0.746,偏差 3.0%。在 $\bar{U}=0.18$ 时,η 和 C_t 的平均相对偏差分别是 5.3% 和 2.3%。$\bar{U}=0.18$ 时,η 的最大相对偏差发生在 $\bar{\omega}=0.114$,此

时无黏流体和黏性流体的 η 分别 21.2% 和 17.8%，偏差 19.0%。$\bar{U} = 0.18$ 时，C_t 的最大相对偏差也发生在 $\bar{\omega} = 0.114$，此时无黏流体和黏性流体的 η 分别为 0.439 和 0.389，偏差 12.6%。

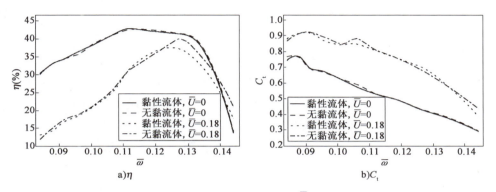

图 3-14 黏性流体与无黏流体的 η 和 C_t 随 $\bar{\omega}$ 的变化情况的对比

不同 $\bar{U}$ 时，黏性流体和无黏流体之间 η 和 C_t 的相对偏差　　　　表 3-7

参数	$\bar{U} = 0$	$\bar{U} = 0.18$
η 的最大相对偏差（%）	2.0	19.0
η 的平均相对偏差（%）	0.6	5.3
C_t 的最大相对偏差（%）	3.0	12.6
C_t 的平均相对偏差（%）	0.9	2.3

当 $\bar{U} = 0$ 时，雷诺数为 $4.0 \times 10^5 \sim 4.7 \times 10^5$，KC 值为 $0.15 \sim 0.25$，处于这个范围的流体流动，主要是惯性力作用为主，黏性作用的影响比较小。当 $\bar{U} = 0.18$ 时，雷诺数为 $1.5 \times 10^6 \sim 2.1 \times 10^6$，KC 值为 $0.53 \sim 1.05$，对于处于这个范围的流体流动，由于拖曳力（由黏性、涡流、紊流作用引起）的作用与惯性力相比已经不能忽略[87]，特别是对于书中所研究的方形截面、有尖角的浮体[88]。因而，在没有流速存在，仅有波浪作用时，黏性对于动力耗散率和波浪透射率的影响可以忽略。随着流速的增大，黏性的作用值得关注。

3.7　本章小结

本章基于 RANS 方程、非线性多浮体结构运动理论及流体-结构动力相互作用理论，发展桩约束（3-DOF）的铰接双浮体俘能消波结构与波浪、水流、动力耗散系统相互作用的数学模型。

入口边界采用流速入口，边界上水质点的速度通过斯托克斯五阶波理论求解，考虑流的作用时，水质点水平方向速度额外加上流速的大小。出口边界为静水压力出口。离出口边界纵向距离一个波长的区域内添加阻尼源项进行消波。双浮体的运动和周围流体的运动通过流-固接触面上流体单元和结构单元的作用力和速度值相等进行双向耦合。

采用FVM离散流体运动方程，VOF方法捕捉自由水面，RK法求解浮体运动，基于扩散方程的结构化网格的动网格技术更新浮体位置和流体网格，实现流体与结构之间的全耦合。数值模型中设立数值波高仪，检测双浮体装置前后附近位置的波高，探究双浮体俘能消波装置的波浪反射率、波浪透射率、动力耗散率、黏性耗散率和总耗散率。研究阻尼系数、波浪要素和流速对实心双浮体俘能消波结构体的动力耗散率和波浪透射率的影响，比较了黏性流体和无黏流体下消能浮式结构体的性能。数值结果表明：

（1）动力耗散率随着阻尼系数的增大而迅速增大，达到最大值后，随着阻尼系数的增大而缓慢减小。相反地，波浪透射率随着阻尼系数的增大而迅速减小，达到最小值后，随着阻尼系数的增大而缓慢增大。动力耗散率越大，波浪透射率越小。在最优阻尼时，动力耗散率达到38.5%，波浪透射率为0.626，即波高消减37.4%。相比于未安装动力耗散系统的双浮体，波浪透射率下降24.3%。

（2）动力耗散率随着波频的增大而增大，达到最大值后，随着波频的增大而减小，而波浪透射率大多情况下随着波频的增大而减小。在本章的算例中，波高对动力耗散率的影响比对波浪透射率的影响大。在 $\bar{\omega} = 0.112$ 时，动力耗散率达到42.8%，波浪透射率为0.531，即波高消减46.9%，能满足特定水域消波的基本需求。如果对于消波有更严格的需求，可以通过增加浮体数目来提高动力耗散率，降低波浪透射率。

（3）大多情况下，随着流速的增大，动力耗散率减小，波浪透射率增大。动力耗散率最大时所对应的最优波频随着流速的增大先增大后减小。

（4）在仅有波浪的情况下，黏性对于动力耗散率和波浪透射率的影响可以忽略。但在流和波浪共同作用时，黏性的影响值得关注。无黏流体作用下的动力耗散率和波浪透射率与黏性流体作用下的动力耗散率和波浪透射率的相对偏差能达到较大值（分别为19.0%和12.6%），相对偏差的大小主要受流速影响。

CHAPTER 4
| 第 4 章 |
浮桥水动力学理论模型

4.1 概述

通过第 1 章回顾国内外浮桥相关理论研究现状,发现这些理论研究大多基于势流理论,假定了波和支撑浮桥的浮箱间非线性相互作用很小,也不考虑流体黏性、湍流和波浪破碎等的影响。而势流理论无法捕捉到这些影响,在小海况下还能较好地满足模拟精度,但在较大海况下却无法获得精确的数值结果,这就需要采用更先进的数学模型,如 Navier-Stokes 方程(简称 NSEM),来建立能够准确反映浮桥物理特性的数学模型,从而能真实剖析浮桥动力特性的力学机理。

本章基于第 2 章浮桥的海洋工程理论基础,在小海况下采用势流理论,建立多维、多相、多体的线性动力学理论模型;在较大海况下基于第 3 章的铰接双浮体结构的研究成果,采用雷诺平均 Navier-Stokes 方程(RANS)、六自由度结构运动方程和系泊方程,建立发展一个能真实反映浮桥响应特性的多维、多相、多体耦合强动态的动力学模型理论,采用流体体积法(FVM)来离散流体的连续方程和动量方程,采用龙格库塔法离散结构运动方程,考虑到所模拟流体-结构耦合使用了动网格,然后进行模型验证,采用验证模型来揭示浮桥结构在环境荷载作用下的动力响应机制。

4.2 基于势流理论的数学模型

考虑分布式浮箱所支承的浮桥结构,并由锚泊系统来固定,每段浮桥段由铰连接或固结。研究对象由水体和浮桥结构体及锚泊系统所组成。浮桥的水动力问题可以在笛卡儿坐标系(x,y,z)下表述,原点 O 与铰接点中心重合,x 轴和 y 轴分别取浮体在静水中的长度和宽度方向,z 轴为垂直方向。

4.2.1 水体控制方程

假设流体均匀不可压缩、无黏、流动无旋。在此假设下,流体总速度势 Φ 满足拉普拉斯方程:

$$\nabla^2 \Phi = 0 \tag{4-1}$$

流场的总速度势 Φ 可以采用变量分离法进行时空分离:

$$\Phi(x,y,z,t) = \mathrm{Re}\left[\varphi(x,y,z)\mathrm{e}^{-\mathrm{i}\omega t}\right] \tag{4-2}$$

式中,t 为时间;$\varphi(x,y,z)$ 为 (x,y,z) 处的空间总速度势。

空间总速度势 φ 可由入射波、绕射波和辐射波的空间速度势线性叠加而成:

$$\varphi(x,y,z) = \varphi_\mathrm{I} + \varphi_\mathrm{D} + \sum_{i=1}^{N}\sum_{j=1}^{6}\varphi_j^i x_j^i \tag{4-3}$$

式中,φ_I 为入射波的空间速度势;φ_D 为入射波遇到固定平衡位置的结构后产生的空间绕射势;上标 i 代表第 i 个结构;下标 j 代表第 j 个自由度($j=1,2,\cdots,6$,代表 6 个自由度,分别对应纵荡、横荡、垂荡、横摇、纵摇和艏摇);N 为结构数;φ_j^i 为第 i 个结构在第 j 个自由度上的由单位运动幅值产生的空间辐射势;x_j^i 为第 i 个结构在第 j 个自由度上的复数运动幅值。

微幅波理论给出的入射波的空间速度势为:

$$\varphi_\mathrm{I} = \frac{-\mathrm{i}Ag\cosh\left[k(z+h)\right]}{\omega\cosh(kh)}\mathrm{e}^{\mathrm{i}k(x\cos\theta' + y\sin\theta' + \alpha)} \tag{4-4}$$

式中,k 为波数;ω 为入射波的圆频率;θ' 为入射波方向与 x 轴之间的夹角;α 为初始相位角;g 为重力加速度。

为求解空间绕射势,需满足自由面、海底、流固交界面的边界条件以及无穷远处的辐射条件:

$$\begin{cases} \dfrac{\partial \varphi_\mathrm{D}}{\partial z} - \dfrac{\omega^2}{g}\varphi_\mathrm{D} = 0 & (z=0) \\[6pt] \dfrac{\partial \varphi_\mathrm{D}}{\partial n} = 0 & (z=-h) \\[6pt] \dfrac{\partial \varphi_\mathrm{D}}{\partial n}\bigg|_{S_i} = -\dfrac{\partial \varphi_\mathrm{I}}{\partial n}\bigg|_{S_i} & \\[6pt] \lim\limits_{R'\to\infty}\sqrt{R'}\left(\dfrac{\partial \varphi_\mathrm{D}}{\partial R'} - \mathrm{i}k\varphi_\mathrm{D}\right) = 0 & \end{cases} \tag{4-5}$$

式中，S_i 是第 i 个结构的湿表面；n 是垂直于流固交界面的单位外标量（指向流体）；R' 的定义为 $R' = \sqrt{x^2 + y^2}$。

至于空间辐射势，也应满足自由面、海底、湿表面的边界条件以及无穷远处的辐射条件：

$$\begin{cases} \dfrac{\partial \varphi_j^i}{\partial z} - \dfrac{\omega^2}{g} \varphi_j^i = 0 & (z = 0) \\[2mm] \dfrac{\partial \varphi_j^i}{\partial n} = 0 & (z = -h) \\[2mm] \dfrac{\partial \varphi_j^i}{\partial n}\bigg|_{S_{i'}} = \begin{cases} n_j & (i' = i) \\ 0 & (i' \neq i) \end{cases} \\[4mm] \lim\limits_{R' \to \infty} \sqrt{R'} \left(\dfrac{\partial \varphi_j^i}{\partial R'} - \mathrm{i} k \varphi_j^i \right) = 0 \end{cases} \quad (4\text{-}6)$$

式中，$S_{i'}$ 为第 i' 个结构的湿表面；$(n_1, n_2, n_3) = (n_x, n_y, n_z) = \boldsymbol{n}$；$(n_4, n_5, n_6) = \boldsymbol{s} \times \boldsymbol{n}$；$\boldsymbol{n}$ 是流固交界面单位外法向量；$\boldsymbol{s}$ 是湿表面上一点相对参考点（如质心）的位置向量。

一旦求得所有的空间速度势，由入射波和绕射波引起的作用在第 i 个结构的第 j 个自由度上的波浪激励力复数幅值可通过下式计算：

$$F_j^i = -\mathrm{i}\omega\rho \iint_{S_i} (\varphi_\mathrm{I} + \varphi_\mathrm{D}) n_j \mathrm{d}S \quad (4\text{-}7)$$

式中，ρ 为水的密度；i 为复数单位。

由第 i' 个结构的第 j' 个自由度的振荡引起的作用在第 i 个结构的第 j 个自由度上波浪辐射力复数幅值为：

$$F_{j,j'}^{i,i'} = -\mu_{j,j'}^{i,i'} \ddot{x}_{j'}^{i'} - c_{j,j'}^{i,i'} \dot{x}_{j'}^{i'} \quad (4\text{-}8)$$

式中，$\mu_{j,j'}^{i,i'}$ 为附加质量系数，定义为 $\mu_{j,j'}^{i,i'} = -\rho \iint_{S_i} \mathrm{Re}(\varphi_{j'}^{i'}) n_j \mathrm{d}S$；$c_{j,j'}^{i,i'}$ 为辐射阻尼系数，定义为 $c_{j,j'}^{i,i'} = -\rho\omega \iint_{S_i} \mathrm{Im}(\varphi_{j'}^{i'}) n_j \mathrm{d}S$；$\dot{x}_{j'}^{i'}$、$\ddot{x}_{j'}^{i'}$ 分别为 $x_{j'}^{i'}$ 对时间的一阶和二阶导数。

4.2.2 结构体控制方程

获得以上提到的水动力参数后，可以计算由 N 个结构组成的浮式结构体的运动。首先，考虑结构在无任何刚性约束条件下受频率为 ω 的规则波激励时的

运动,我们可以将结构运动方程表示成如下形式:

$$(M + M_\infty)\ddot{\Xi}(t) + \int_{-\infty}^{t} f_r(t-\tau)\dot{\Xi}(\tau)\mathrm{d}\tau + K_s\Xi(t) + D^T F_{\text{Joint}} + F_{\text{mooring}}$$
$$= F_e + F_{\text{Current}} + F_{\text{Wind}} \tag{4-9}$$

式中,M 为结构质量矩阵;M_∞ 为无穷频率下的附加质量矩阵;$\ddot{\Xi}(t)$ 为结构加速度矩阵;$\dot{\Xi}(\tau)$ 为结构速度向量;$\Xi(t)$ 为结构位移向量;K_s 为静水恢复力刚度矩阵;F_e 为波浪激励力向量;t 和 τ 均为时间;$f_r(t)$ 为辐射阻尼力脉冲响应函数(IRF);D 为约束矩阵,满足 $D\Xi(t) = 0$,定义为:

$$D = \begin{bmatrix} P_1^1 & P_2^1 & & & & \\ & \ddots & \ddots & & 0 & \\ & & P_1^l & P_2^l & & \\ & 0 & & \ddots & \ddots & \\ & & & & P_1^{N-1} & P_2^{N-1} \end{bmatrix} \tag{4-10}$$

$$P_1^l = \begin{bmatrix} 1 & 0 & 0 & 0 & z_c^l - z_m^l & y_m^l - y_c^l \\ 0 & 1 & 0 & z_m^l - z_c^l & 0 & x_c^l - x_m^l \\ 0 & 0 & 1 & y_c^l - y_m^l & x_m^l - x_c^l & 0 \\ 0 & 0 & 0 & 1 & 0 & 0 \\ 0 & 0 & 0 & 0 & 1 & 0 \\ 0 & 0 & 0 & 0 & 0 & 1 \end{bmatrix} \tag{4-11}$$

$$P_2^l = \begin{bmatrix} -1 & 0 & 0 & 0 & z_m^{l+1} - z_c^{l+1} & y_c^{l+1} - y_m^{l+1} \\ 0 & -1 & 0 & z_c^{l+1} - z_m^{l+1} & 0 & x_m^{l+1} - x_c^{l+1} \\ 0 & 0 & -1 & y_m^{l+1} - y_c^{l+1} & x_c^{l+1} - x_m^{l+1} & 0 \\ 0 & 0 & 0 & -1 & 0 & 0 \\ 0 & 0 & 0 & 0 & -1 & 0 \\ 0 & 0 & 0 & 0 & 0 & -1 \end{bmatrix} \tag{4-12}$$

$$F_e(t) = \int_{-\infty}^{\infty} \eta_w(\tau) f_e(t-\tau) \mathrm{d}\tau \tag{4-13}$$

$$f_e(t) = \frac{1}{2\pi}\int_{-\infty}^{\infty} f_e(\omega)\mathrm{e}^{i\omega t}\mathrm{d}\omega = \frac{1}{\pi}\int_0^\infty \{\mathrm{Re}[f_e(\omega)]\cos(\omega t) - \mathrm{Im}[f_e(\omega)]\sin(\omega t)\}\mathrm{d}\omega \tag{4-14}$$

$$f_r(t) = \frac{2}{\pi}\int_0^\infty \omega[\boldsymbol{M}_a(\omega) - \boldsymbol{M}_\infty]\sin(\omega t)\,\mathrm{d}\omega \tag{4-15}$$

4.2.3 系泊系统数学模型

4.2.3.1 线性单元

对于线性单元,需要定义刚度和无应变长度,并由两个端点沿着直线定义。这是一种非常简单的系泊缆类型,只是一个张力线弹性弹簧,应力应变比例常数称为刚度。结构所受系泊力的大小等于缆索张力,由式(4-16)给出:

$$T = K \cdot \Delta l \tag{4-16}$$

式中,T 为系泊力;K 为刚度;Δl 为缆索形变量。当电缆松弛时,缆索张力为零。

4.2.3.2 非线性单元

当系泊系统面临材料非线性时,即刚度随着形变量变化而呈现非线性变化,可以采用多项式系数法定义材料非线性。多项式系数将系泊力定义为形变量的函数,并由式(4-17)确定:

$$T = \begin{cases} A\Delta l + B(\Delta l)^2 + C(\Delta l)^3 + D(\Delta l)^4 + E(\Delta l)^5 & (若\ \Delta l > 0) \\ 0 & (若\ \Delta l \leq 0) \end{cases} \tag{4-17}$$

式中,A、B、C、D 和 E 为多项式系数。

4.2.3.3 非线性钢丝绳

考虑了钢丝绳渐进刚度和渐进偏移的影响,系泊力由式(4-18)确定:

$$T = k\left\{\Delta l - d\left[\tanh\left(\frac{\Delta l}{d}\right)\right]\right\} \tag{4-18}$$

式中,k 为渐进刚度;d 为渐进偏移。

当形变量较大时,式(4-18)趋于渐进形式:

$$T = k(\Delta l - d) \tag{4-19}$$

4.2.3.4 动态悬链线

当动力学模型包含在缆索的运动分析中时,将考虑缆索的质量、阻力、线弹性张力和弯矩的影响。系泊缆上的力会随时间变化,系泊缆通常会以非线性方式响应。该模型是完全耦合的,系泊缆张力和浮体运动被认为是相互作用的,其中系泊缆影响浮体运动,反之亦然(图 4-1 和图 4-2)。

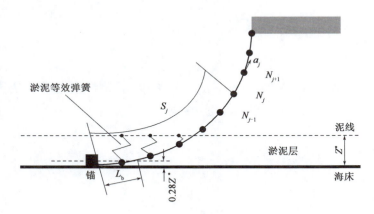

图 4-1　动态系泊缆模型

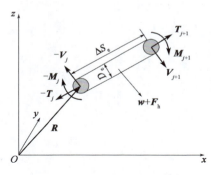

图 4-2　系泊缆单元受力示意图

采用集中质量法对悬链线系泊缆进行离散,系泊缆被建模为承受各种外力的 Morison 型构件链。使用非线性弹簧和阻尼器对海床进行建模,选择非线性弹簧和阻尼器以最小化离散化导致的着陆点处的不连续性和能量损失。a_j 表示固定参考轴中从第 j 个节点到第 $(j+1)$ 个节点的单位轴向矢量;S_j 表示从锚点(或结构上的第一个附着点)到第 j 个节点的未拉伸系泊缆长度;L_b 表示动态系泊缆在海床上的铺设长度即从锚到接地点(定义为海床上方)的距离。假设海床水平且平坦。海床对系泊缆的反作用力由每个节点处的泥线弹簧模拟。每个泥线弹簧连接在泥层顶部和电缆元件节点之间(如果节点位于泥线高程以下)。淤泥层的深度高于海床。

则该系泊缆单元的运动方程为:

$$\frac{\partial T}{\partial S_e} + \frac{\partial V}{\partial S_e} + w + F_h = m \frac{\partial^2 \mathbf{R}}{\partial t^2} \qquad (4-20)$$

$$\frac{\partial M}{\partial S_e} + \frac{\partial \boldsymbol{R}}{\partial S_e} \times V = -\boldsymbol{q} \tag{4-21}$$

式中，t 为时间；m 为系泊缆单位长度的质量；$\boldsymbol{q}$ 为单位长度锚固力矩荷载；$\boldsymbol{R}$ 为第 j 个单元的位置向量；S_e 为单元的长度；w 和 F_h 分别为单元自重和单元所受的水动力荷载；T、V 和 M 分别为单元所受的轴力、剪力和力矩。

轴力和力矩取决于系泊缆的截面特性和材料，由下式确定：

$$M = \mathrm{EI} \frac{\partial R}{\partial S_e} \times \frac{\partial^2 R}{\partial S_e^2} \tag{4-22}$$

$$T = \mathrm{EA}\varepsilon \tag{4-23}$$

式中，EI 为截面抗弯刚度；EA 为截面抗拉压刚度；ε 为应变量。

系泊缆顶端和底端的边界条件是：

$$\frac{\partial^2 R(0)}{\partial S_e^2} = 0 \tag{4-24}$$

$$\frac{\partial^2 R(L)}{\partial S_e^2} = 0 \tag{4-25}$$

式中，L 为系泊缆松弛长度。

忽略作用在动态系泊缆上的波浪激振力。因此，水动力作用在缆索元件上的力包括浮力、阻力和(附加质量相关的)辐射力等：

$$F_h = F_b + F_d - m_a \left[\overrightarrow{a_j}, \overrightarrow{a_{j+1}} \right]^{\mathrm{T}} \tag{4-26}$$

式中，F_b 为浮力；F_d 为阻力，由 Morison 方程计算；m_a 为附加质量；$\overrightarrow{a_j}$、$\overrightarrow{a_{j+1}}$ 分别为第 j、$j+1$ 个节点单元的加速度。

4.2.4 数值方法

对拉普拉斯方程改写边界元法的边界积分方程：

$$\oiint_{S_b} \varphi_j \frac{\partial G(\boldsymbol{x};\boldsymbol{x}_0)}{\partial n} \mathrm{d}S = \oiint_{S_b} \frac{\partial \varphi_j}{\partial n} G(\boldsymbol{x};\boldsymbol{x}_0) \mathrm{d}S \tag{4-27}$$

$$G(\boldsymbol{x};\boldsymbol{x}_0) = \frac{1}{r} + \frac{1}{r_1} + 2\int_0^\infty \frac{(k+K)\cosh k(z+H)\cosh k(z_0+H)}{k\sinh kH - K\cosh kH} \mathrm{e}^{-kH} J_0(kR)\mathrm{d}k$$

$$\tag{4-28}$$

式中，$\boldsymbol{x}=(x,y,z)$ 和 $\boldsymbol{x}_0=(x_0,y_0,z_0)$ 分别是场点和源点在大地坐标系下的坐标；R 为场点和源点的水平距离，$R=\sqrt{(x-x_0)^2-(y-y_0)^2}$；$r$ 为场点和源点的空间直线距离，$r=\sqrt{R^2-(z-z_0)^2}$；r_1 为源点关于水域底部平面的镜像点与场点的空间直线距离，$r_1=\sqrt{R^2-(z+z_0+2H)^2}$，$H$ 为水域的水深；$K=\omega^2/g$，ω 为波浪圆频率，g 为重力加速度；J_0 为零阶第一类贝塞尔函数。采用面元法离散来求解边界积分方程，从而获得相关水动力参数。

对结构体的运动方程，采用两级预估校正方法。采用上一时间步的速度和位置作为预测值，求解所有依赖于速度和位置的作用力，所有作用力求和可以求出结构加速度，用求得的加速度再进行一次计算进行修正。每一个时间步需要进行预估校正两次求解。

4.3 基于黏性流体理论的数学模型

基于研究，更真实地揭示了支撑浮桥的浮体和流体的相互作用机理，充分考虑了湍流、波浪破碎、越浪等非线性作用。黏性和非线性作用对于浮体结构前后的波浪特性及其浮体运动有重要影响。

本节基于 RANS 方程、非线性多浮体结构运动理论及流体-结构动力相互作用理论，考虑了桩约束和锚泊系统约束条件，耦合了浮体、黏性流体、动力耗散系统和约束系统，分别发展了波流环境中浮桥的数学模型，采用 FVM 离散流体方程和 RK(Runge-Kutta) 法离散浮体运动方程，利用重叠网格技术更新浮体位置和流体网格，实现流体与结构之间的全耦合。

4.3.1 流体运动方程

假设流体是不可压缩的，其连续方程可表示为：

$$\nabla \cdot \boldsymbol{v} = 0 \tag{4-29}$$

式中，$\boldsymbol{v}$ 为流体速度矢量。流体的运动方程如下：

$$\frac{d\boldsymbol{v}}{dt} = -\frac{1}{\rho}\nabla p + \frac{1}{\rho}\nabla \cdot \boldsymbol{T} + \boldsymbol{S} \tag{4-30}$$

式中，t 表示时间；ρ 表示流体密度；p 表示流体压应力；$\boldsymbol{T}$ 表示黏性应力张量；$\boldsymbol{S}$ 表示体积力(如重力)。对于本书考虑的不可压缩的牛顿流体，黏性应力张

量 T 的表达式如下：

$$T = \mu [\nabla v + (\nabla v)^{\mathrm{T}}] \tag{4-31}$$

式中，μ 表示流体的动力黏性系数。

4.3.2 结构运动方程

以下数学式中力、弯矩、位移和角位移的正方向均为笛卡尔坐标轴（x 轴、y 轴和 z 轴）的正方向。x 轴、y 轴和 z 轴分别为垂直于桥轴线向并指向上游、平行桥轴线向和垂直向上。

借鉴霍杰提出的方法基于拉格朗日方程建立锚系系泊的离散式浮桥运动方程。拉格朗日方程如下所示：

$$\frac{\mathrm{d}}{\mathrm{d}t}\left(\frac{\partial T^*}{\partial \dot{q}_j}\right) - \frac{\partial T^*}{\partial q_j} + \frac{\partial V}{\partial q_j} = Q_j \quad (j=1,2,3,4,5,6) \tag{4-32}$$

式中，T^* 为双浮体系统的总动能；q_j 为双浮体系统在各个自由度的位移大小；V 表示双浮体系统的总势能；Q_j 表示作用于双浮体系统各个自由度的非有势力，包括动水作用力、弯矩和统阻尼作用力和弯矩。浮桥非线性多自度运动方程：

$$\ddot{q}_j = f(t, \dot{q}_1, \dot{q}_2, \cdots, \dot{q}_n, q_1, q_2, \cdots, q_n) \quad (j=1,2,\cdots,n) \tag{4-33}$$

$$\dot{q}_j = g(t, \dot{q}_1, \dot{q}_2, \cdots, \dot{q}_n, q_1, q_2, \cdots, q_n) \quad (j=1,2,\cdots,n) \tag{4-34}$$

式中，n 为浮桥运动自由度个数。

4.3.3 系泊系统数学模型

除 4.2.3 小节提到的 4 种系泊系统数学模型外，基于黏性流体理论的浮桥动力学模型引入一种悬链线模式的准静态模型。

考虑浮桥结构与系泊系统的耦合，采用迭代法同时计算浮桥结构与系泊缆的响应。系泊缆的响应通过准静态方法计算，即假设系统在两个静态位置之间的运动是均匀和线性的，系统上的荷载在给定的时间步长内是恒定的。对于悬链线系泊系统，建立了弹性准固定悬链线模型。悬链线承受自身重量和两个系泊点的作用力。锚链平面采用局部笛卡尔坐标系 o_{ij}，o_i 在水平方向，o_j 在垂直方向。在局部笛卡尔坐标系中，接触线上任何点的坐标由以下公式给出：

$$i = au + b\sinh u + \alpha, j = a\cosh u + \frac{1}{2}b\sinh^2 u + \beta \tag{4-35}$$

式中，u 为悬链线方程参数，且 $u_1 \leq u \leq u_2$；α 和 β 为积分常数，取决于两端的位置和悬链线的总质量；a,b,c 由下式给出：

$$a = \frac{c}{\lambda_0 g}, b = \frac{ca}{KL_{eq}}, c = \frac{\lambda_0 L_{eq} g}{\sinh u_2 - \sinh u_1} \tag{4-36}$$

式中，g 为重力加速度；λ_0 和 L_{eq} 分别为无力条件下悬链线的单位长度质量和松弛长度；K 为悬链线刚度；u_1 和 u_2 分别表示参数空间中的悬链线端点 p_1 和 p_2，如图 4-3 所示。曲线参数 u 与悬链线曲线倾角 γ 之间的关系为 $\tan\gamma = \sinh u$。

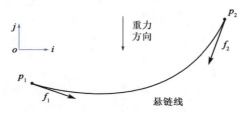

图 4-3 准静点悬链线模型示意图

端点力 $\boldsymbol{f}_1$ 和 $\boldsymbol{f}_2$ 由下式给出：

$$\boldsymbol{f}_{1,i} = c\boldsymbol{f}_{1,j} = c\sinh u_1, \boldsymbol{f}_{2,i} = -c\boldsymbol{f}_{2,j} = -c\sinh u_2 \tag{4-37}$$

4.3.4 边界条件

浮体运动和周围流体运动通过流-固接触面上流体单元和结构单元的作用力和速度值相等进行双向耦合，固体表面为无滑移表面，表达式如下：

$$\boldsymbol{v}_s = \boldsymbol{v} \tag{4-38}$$

$$\boldsymbol{p}_s + \boldsymbol{p}_f = 0 \tag{4-39}$$

式中，$\boldsymbol{v}_s$ 表示固液交界处结构单元的速度矢量；$\boldsymbol{p}_s$ 表示结构单元受到的流体作用力（包括压力和黏性力）；$\boldsymbol{p}_f$ 表示流体单元受到的固体的作用力。

4.3.5 数值方法

4.3.5.1 流体运动

采用流体体积法（FVM）来离散流体的连续方程和动量方程。考虑到所模

拟流体-结构耦合,使用了动网格,流体运动方程的积分形式表示为:

$$\frac{\mathrm{d}}{\mathrm{d}t}\Big(\int_{CV}\rho\mathrm{d}V\Big) + \int_{A}\boldsymbol{n}_{A}\cdot\rho(\boldsymbol{v}-\boldsymbol{v}_{A})\mathrm{d}A = 0 \quad (4\text{-}40)$$

$$\frac{\mathrm{d}}{\mathrm{d}t}\Big(\int_{CV}\rho\boldsymbol{v}\mathrm{d}V\Big) + \int_{A}\boldsymbol{n}_{A}\cdot\rho\boldsymbol{v}(\boldsymbol{v}-\boldsymbol{v}_{A})\mathrm{d}A = \int_{A}\boldsymbol{n}_{A}\cdot(\boldsymbol{T}'-p\boldsymbol{I})\mathrm{d}A + \int_{CV}\rho\boldsymbol{S}\mathrm{d}V$$

$$(4\text{-}41)$$

式中,CV 为流体控制体积;A 为流体控制体积的界面;$\boldsymbol{n}_A$ 为控制体积界面的单位外法线向量;$\boldsymbol{v}_A$ 为控制体积界面的速度;$\boldsymbol{I}$ 是单位张量;在雷诺时均 N-S 方程中,式(4-30)中的 $\boldsymbol{T}$ 中增加了雷诺切应力项,变为 $\boldsymbol{T}'$:

$$\boldsymbol{T}' = (\mu+\mu_{t})\big[\nabla\boldsymbol{v}+(\nabla\boldsymbol{v})^{\mathrm{T}}\big] \quad (4\text{-}42)$$

式中,μ_t 为涡动力黏度,由湍流模型(SST K-omega)模型计算得出,可以表示为湍流动能(K)和单位紊能耗散率(omega)的函数。压力场和流速场通过 PISO(Pressure-Implicit Split-Operator)方法进行耦合。K 和 omega 的输运方程如下:

$$\frac{\mathrm{d}}{\mathrm{d}t}\Big(\int_{CV}\rho\varphi\mathrm{d}V\Big) + \int_{A}\boldsymbol{n}_{A}\cdot\rho\varphi(\boldsymbol{v}-\boldsymbol{v}_{A})\mathrm{d}A = \int_{A}\boldsymbol{n}_{A}\cdot\varGamma\nabla\varphi\mathrm{d}A + \int_{CV}\rho S_{\varphi}\mathrm{d}V \quad (4\text{-}43)$$

式中,φ 表示 K 或 omega;$\varGamma$ 为耗散系数;S_φ 为 φ 的源项。采用分离式变量解法,采用二阶隐式时间离散格式,压力场和流速场通过 SIMPLE(Semi-Implicit Method for Pressure Linked Equations)算法进行解耦。采取流体体积函数模型捕捉水面波动。

气体和液体的交界面通过 VOF(Volume of Fluid)方法进行追踪,该方法假设气相和液相共存的流体控制体积里,该两相流体共享流速和压力,因而在气液交界面内的流体控制体积里的方程与式(4-40)~式(4-43)一致。这些气液相共存的控制体积里的等效流体的物理特性参数根据各相流体的特性及其体积分数计算得出:

$$\rho = \alpha\rho_{l} + (1-\alpha)\rho_{g} \quad (4\text{-}44)$$

$$\mu = \alpha\mu_{l} + (1-\alpha)\mu_{g} \quad (4\text{-}45)$$

式中,α 为液体的体积分数,$\alpha=1$ 表示控制体积里充满液体,$\alpha=0$ 表示控制体积里充满气体;ρ_l 和 ρ_g 分别表示液体和气体的密度;μ_l 和 μ_g 分别表示液体和气体的动力黏度。α 的输运方程为:

$$\frac{\mathrm{d}}{\mathrm{d}t}\Big(\int_{CV}\alpha\mathrm{d}V\Big)+\int_{A}\boldsymbol{n}_A\cdot\alpha(\boldsymbol{v}-\boldsymbol{v}_A)\mathrm{d}A=0 \qquad (4\text{-}46)$$

4.3.5.2 结构运动

对于结构体强非线性方程采用四阶龙格-库塔法离散求解：

$$\dot{q}_j^{n+1}=\dot{q}_j^n+\frac{\Delta t}{6}(k_{1,j}+2k_{2,j}+2k_{3,j}+k_{4,j}) \quad (j=1,2,\cdots,n) \qquad (4\text{-}47)$$

$$q_j^{n+1}=q_j^n+\frac{\Delta t}{6}(m_{1,j}+2m_{2,j}+2m_{3,j}+m_{4,j}) \quad (j=1,2,\cdots,n) \qquad (4\text{-}48)$$

$$t^{i+1}=t^i+\Delta t \qquad (4\text{-}49)$$

式中，上标 i 和 $i+1$ 分别表示第 i 和第 $i+1$ 个时间步；Δt 表示时间步长；系数 $k_{1,j}$、$k_{2,j}$、$k_{3,j}$、$k_{4,j}$、$m_{1,j}$、$m_{2,j}$、$m_{3,j}$、$m_{4,j}$ 表达式如下：

$$\left.\begin{array}{l}k_{1,j}=f(t^i,\dot{q}_1^i,\dot{q}_2^i,\cdots,\dot{q}_n^i,q_1^i,q_2^i,\cdots,q_n^i)\\[4pt]k_{2,j}=f\left(t^i+\dfrac{\Delta t}{2},\dot{q}_1^i+\dfrac{\Delta t}{2}k_{1,1},\dot{q}_2^i+\dfrac{\Delta t}{2}k_{1,2},\cdots,\dot{q}_n^i+\dfrac{\Delta t}{2}k_{1,n},q_1^i+\dfrac{\Delta t}{2}m_{1,1},q_2^i+\dfrac{\Delta t}{2}m_{1,2},\cdots,q_n^i+\dfrac{\Delta t}{2}m_{1,n}\right)\\[4pt]k_{3,j}=f\left(t^i+\dfrac{\Delta t}{2},\dot{q}_1^i+\dfrac{\Delta t}{2}k_{2,1},\dot{q}_2^i+\dfrac{\Delta t}{2}k_{2,2},\cdots,\dot{q}_n^i+\dfrac{\Delta t}{2}k_{2,n},q_1^i+\dfrac{\Delta t}{2}m_{2,1},q_2^i+\dfrac{\Delta t}{2}m_{2,2},\cdots,q_n^i+\dfrac{\Delta t}{2}m_{2,n}\right)\\[4pt]k_{4,j}=f\left(t^i+\Delta t,\dot{q}_1^i+\Delta t k_{3,1},\dot{q}_2^i+\Delta t k_{3,2},\cdots,\dot{q}_n^i+\Delta t k_{3,n},q_1^i+\Delta t m_{3,1},q_2^i+\Delta t m_{3,2},\cdots,q_n^i+\Delta t m_{3,n}\right)\\[4pt]m_{1,j}=g(t^i,\dot{q}_1^i,\dot{q}_2^i,\cdots,\dot{q}_n^i,q_1^i,q_2^i,\cdots,q_n^i)\\[4pt]m_{2,j}=g\left(t^i+\dfrac{\Delta t}{2},\dot{q}_1^i+\dfrac{\Delta t}{2}k_{1,1},\dot{q}_2^i+\dfrac{\Delta t}{2}k_{1,2},\cdots,\dot{q}_n^i+\dfrac{\Delta t}{2}k_{1,n},q_1^i+\dfrac{\Delta t}{2}m_{1,1},q_2^i+\dfrac{\Delta t}{2}m_{1,2},\cdots,q_n^i+\dfrac{\Delta t}{2}m_{1,n}\right)\\[4pt]m_{3,j}=g\left(t^i+\dfrac{\Delta t}{2},\dot{q}_1^i+\dfrac{\Delta t}{2}k_{2,1},\dot{q}_2^i+\dfrac{\Delta t}{2}k_{2,2},\cdots,\dot{q}_n^i+\dfrac{\Delta t}{2}k_{2,n},q_1^i+\dfrac{\Delta t}{2}m_{2,1},q_2^i+\dfrac{\Delta t}{2}m_{2,2},\cdots,q_n^i+\dfrac{\Delta t}{2}m_{2,n}\right)\\[4pt]m_{4,j}=g\left(t^i+\Delta t,\dot{q}_1^i+\Delta t k_{3,1},\dot{q}_2^i+\Delta t k_{3,2},\cdots,\dot{q}_n^i+\Delta t k_{3,n},q_1^i+\Delta t m_{3,1},q_2^i+\Delta t m_{3,2},\cdots,q_n^i+\Delta t m_{3,n}\right)\end{array}\right\}$$

(4-50)

流体运动在静止计算域中求解，浮筒运动在运动计算域中求解。采用重叠网格技术或动网格技术实现静止计算域和运动计算域接触面的更新及接触面上的数据交换。

4.4 模型验证

为了验证数学模型和数值方法的正确性以及在锚系多浮体海洋结构物中的适用性，对文献[67]中的物理模型试验结构进行比较，从而验证模型。文献[67]

的物理试验模型布置图如图 4-4 所示,浮体为 4 个铰接浮体并设置了 4 根悬链线系泊系统,实际浮桥与模型浮桥尺寸以及波浪要素见表 4-1,具体细节详见文献[67]。计算结果对比了数值计算与物理模型试验浮体结构中点的垂荡响应,如图 4-5 所示。计算结果表明,本书提出的数学模型与数值方法能够准确模拟锚系浮体的水动力响应。不同周期下浮体结构中点弯矩数值结果试验结果对比如图 4-6 所示。

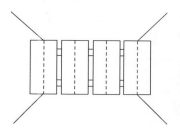

图 4-4　文献[67]的物理试验模型布置图

实际浮桥与模型浮桥尺寸以及波浪要素　　　　　　　　　表 4-1

参数	长(m)	宽(m)	高(m)	吃水(m)	质量(kg)	水深(m)
原型	21.984	6	2.226	0.456	42552	12
1/6 模型	3.664	1	0.371	0.076	197	2
参数	波周期(s)			波高(m)	波向(°)	
原型	3.33,4.02,4.70,5.39,6.07			0.6	0,45,90	
1/6 模型	1.36,1.64,1.92,2.20,2.48			0.1	0,45,90	

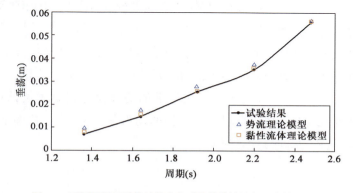

图 4-5　不同周期下浮体结构中点垂荡数值结果与试验结果对比

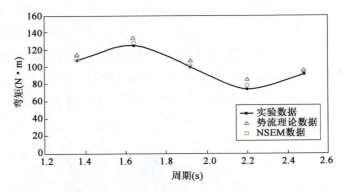

图 4-6　不同周期下浮体结构中点弯矩数值结果试验结果对比

4.5　本章小结

本章分别基于势流理论和黏性流体理论，建立了适用于小海况和较大海况的多维、多相、多体耦合的浮桥动力学理论模型。其中，基于势流理论流体的拉普拉斯方程和多结构体运动方程，来建立适用于小海况的线性浮桥动力学模型，采用边界元方法离散势流理论方程从而获得相关水动力参数，而对结构体的运动方程，采用两级预估校正方法，进行耦合求解；而基于控制流体流动的雷诺平均 $N\text{-}S$ 方程和控制结构运动的牛顿第二定律，来建立适用于较大海况的非线性浮桥动力学模型，采用流体体积法（FVM）离散流体运动方程，采用 VOF 方法用于捕捉水面，而结构运动方程采用四阶龙格-库塔法进行离散，采用重叠网格技术用于更新和交换接口上的数据，将这些方程进行耦合求解，来预测海洋环境中锚泊固定的直线浮桥的动态响应。

通过对比参考文献中的试验数据和数值模拟结果，验证了所建立的数学模型。本章所建立的多维、多相、多体耦合强动态浮桥的动力学理论，填补了该领域国内外的空白，为浮桥在强水动力条件下的适度设计提供了设计理论基础。所建立的多维、多相、多体耦合弱动态浮桥的动力学理论，为浮桥的前期方案论证和设计提供了水动力计算模型。

CHAPTER 5
|第 5 章|
浮桥的流体-结构相互作用机理

5.1 概述

第 4 章基于势流理论和黏性流体理论以及六自由度结构体运动方程,分别提出了多维(三维)、多相(气相与液相)、多体(多结构体)弱动态和强动态的浮桥动力学模型,弱动态的浮桥动力学模型适用于小水动力环境,而强动态的浮桥模型适用于较大水动力环境。而目前,普遍使用弱动态模型计算较强海洋环境条件下浮桥的动力响应,所获结果不能真实反映流体-结构相互作用的物理特性,因此采用强动态的浮桥动力学模型显得非常必要。

本章采用第 4 章中所验证的浮桥模型理论,分别计算各种海洋动力条件下的浮桥动力响应和动力特性,阐述基于势流理论和黏性流体理论所建立模型理论的适用范围。本章采用强动态浮桥动力学模型开展潮位、波高、波长、黏性对浮桥响应影响的多参数数值研究,来认识和掌握空气动力、水动力与浮式多体结构的相互作用机理。采用不同的系泊系统数学模型对系泊系统进行了多参数的数值研究,这些参数包括材料非线性、流速、波浪要素、水流以及系泊缆无应变长度等。分别结合挪威的 E39 浮桥方案和东非海岸某舟式浮桥工程案例,计算分析波浪参数(波高和波周期)和流速对垂荡、横荡和横摇的影响以及前端系泊缆绳力和后端系泊缆绳力的影响,计算和分析 E39 梁式浮桥和东非海岸某舟式浮桥动力学特性。

5.2 舟式浮桥力学特性研究

5.2.1 浮桥计算案例及典型环境要素

本章研究对象选取东非海岸某舟式浮桥工程案例。根据当地地理条件、环境要素以及港口通航需求,设计了一种单侧横向开启侧锚式多浮箱单向铰接直线浮桥。为了获取水道中心部分浮桥的准确响应结果并简化计算量,选取水深较深的中心段浮桥进行响应计算,中心段浮桥与浅滩段浮桥通过具有一定刚度的连接件与水岸连接。浮箱及系泊系统布置及正视图如图5-1所示。浮体结构为双体承压舟,每个承压舟长14m、宽15m,由桥脚舟体、连舟桥桁、舷伸等组成。两个承压舟由刚性连接组成双体承压舟,两个双体承压舟之间采用铰接连接。双体承压舟的更多参数见表5-1。两侧分别布置8条系泊系统,以增加浮桥刚度。锚系浮桥俯视图及浮箱布置和系泊系统编号如图5-2所示。浮桥结构如图5-3所示。系泊系统及连接件的参数见表5-2。

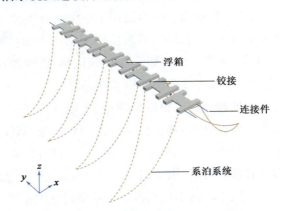

图5-1 舟式浮桥案例浮桥结构与系泊系统模型图

舟式浮桥案例浮箱参数　　　　表5-1

参数	单位	数值
长	m	14
宽	m	15
高	m	2

续上表

参数	单位	数值
空载吃水深度 d	m	0.6
空载干舷高	m	1.4
总质量	kg	100500
重心位置	m	(0,0,51.2)
横摇惯量	kg·m^2	710000
纵摇惯量	kg·m^2	530000
艏摇惯量	kg·m^2	820000

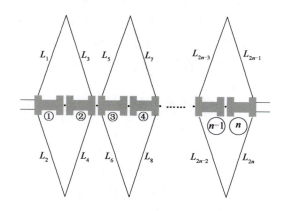

图 5-2　舟式浮桥案例锚系浮桥俯视图
及浮箱布置和系泊系统编号

①、②、③、④…⑩-1、⑩ -1～n 号浮箱，下同

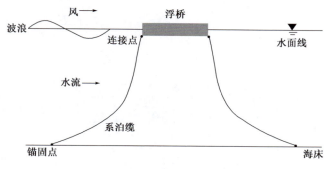

图 5-3　舟式浮桥案例浮桥结构示意图

舟式浮桥案例系泊系统及连接件的参数　　　　　　　　表5-2

参数	悬链线模型	弹性连接件
单位长度质量(kg/m)	30	—
刚度(kN/m)	10000	10000
无应变长度(m)	72	70

该地区季风气候特点明显,盛行风向为南风,风速玫瑰图如图5-4所示。该区域波浪通常为由风产生海浪。由于小河中的取水长度短,港口内的波浪极小。表5-3为该区域100年重现期的波浪要素数据。该区域潮汐主要是半日潮潮汐水平范围从最高的+4.1m到最低的-0.1m。表5-4显示了在该区域观察到的潮位数据。港口入口区域的最大潮流速度约为0.257m/s,方向为132°。计算工况见表5-5。图5-5所示为锚系直线型铰接浮桥模型。

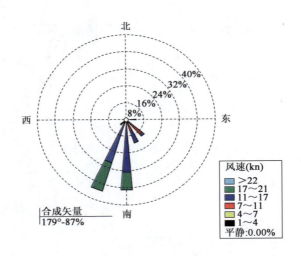

图5-4　舟式浮桥案例风速玫瑰图

舟式浮桥案例100年重现期波浪要素　　　　　　　　表5-3

有效波高(m)	谱峰周期(s)	波向(°)
0.9	11.4	120
1.1	7	210

舟式浮桥案例潮位数据　　　　　　　　　　　　　　　表 5-4

纬度：4°04′S 经度：39°39′E	最高天文潮位（HAT）	+4.10m
	大潮平均高潮位（MHWS）	+3.50m
	平均海平面（MSL）	+1.88m
	既往最高潮位（CDL）	0.00m
	低潮基准面（LAT）	-0.10m

舟式浮桥案例计算工况　　　　　　　　　　　　　　　表 5-5

工况	潮位 Z(m)	波高 H(m)	波周期 T(s)	风速（m/s）	流速（m/s）	黏性
1	-2.1 ~ +2.1	—	—	—	—	考虑
2	0	1.0	0 ~ 20	—	—	考虑
3	0	0 ~ 4.0	8	—	—	不考虑
4	-1.0	0 ~ 4.0	8	—	—	考虑
5	0	0 ~ 4.0	8	—	—	考虑
6	+1.0	0 ~ 4.0	8	—	—	考虑
7	0	0.6	8	22.5	0.257	不考虑
8	0	0.6	8	22.5	0.257	考虑
9	0	1.8	8	22.5	0.257	不考虑
10	0	1.8	8	22.5	0.257	考虑

注：取潮位 0.00m 为初始水位。

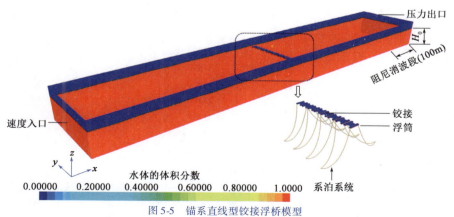

图 5-5　锚系直线型铰接浮桥模型
H_0-水深

5.2.2 潮位的影响

为研究设计系泊系统的潮汐适应性和潮位的影响,针对工况 1 计算了静水条件下浮桥的平衡吃水深度和系泊张力,其中使用的详细参数见表 5-5。本节主要研究正常运行时潮位对浮桥的影响,未考虑风、浪、流等环境要素的作用。对动态响应的影响将在后面的章节中研究。桥位海域潮汐波动范围为 $-0.1 \sim 4.1\mathrm{m}$。初始水位取潮位 $0.0\mathrm{m}$。

选择中间的一组缆索中的一根索,如图 5-6 所示的 L_7,作为典型的锚链监测其内力。图 5-7 显示了静水条件下吃水深度、系泊张力和浮箱升沉运动随潮位的变化。

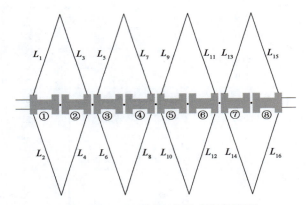

图 5-6　浮箱 16 系泊缆铰接锚系浮桥俯视图

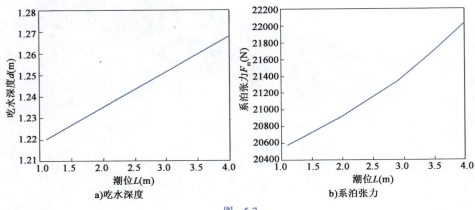

a) 吃水深度　　　　b) 系泊张力

图　5-7

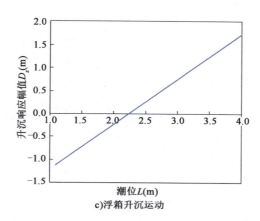

c)浮箱升沉运动

图 5-7　静水条件下吃水深度、系泊张力和浮箱升沉运动随潮位的变化

计算结果表明,随着潮位的增加,浮箱吃水深度线性增加,系泊张力则呈现较弱的非线性增加。工程建设区域的潮位 L 范围为 $-0.1 \sim +4.1\text{m}$。随着潮位的变化,吃水深度 d 在 $1.22 \sim 1.28\text{m}$ 之间变化,而系泊张力在 $20550 \sim 22040\text{N}$ 之间变化。由于是线性系泊缆索,随着潮位的升高,吃水深度增大,悬链线张紧,浮箱上浮,导致系泊张力增大,从而保证浮桥的正常运行。因此在设计时一般要求缆索预张紧,一般在浮体侧面或甲板顶面设置紧缆设备和必要的导缆器。

5.2.3　波周期的影响

相邻浮箱之间的连接为单向铰链,仅允许相邻浮箱之间的相对转动,即所有浮箱的横荡和横摇是一致的。浮桥两端的浮箱与河岸之间的连接设计为具有一定刚度的弹性元件,以模拟实际设计中的桥跨连接。

为了防止浮桥在各种海洋条件下发生共振,提高其在极端海洋条件下的生存能力,必须确定浮桥的固有频率,并使频率远离激励频率。在表 5-5 中给出了所用参数的工况 2 中,计算了浮桥在各种波周期(频率)下的动态响应。浮桥响应时程数据的幅值用于衡量某一物理量的动态响应。

图 5-8 显示了波浪周期对浮桥在垂荡、摇摆和横摇方向上的动态响应的影响。结果表明,垂荡、横荡和横摇的动力响应均呈现双峰曲线特征。垂荡、横荡

和横摇的最大响应值出现在波周期 $T=4.0\mathrm{s}$ 时。另一个较弱的峰值出现在 $T=8.0\mathrm{s}$ 附近。浮桥的响应表现出双峰曲线的特点,且前者峰值大于后者。第一个峰值的出现是因为波周期接近单浮箱的自然周期时,即 $T=4.2\mathrm{s}$,浮桥结构发生共振,共振周期的减小是由于两侧浮筒的存在使得浮筒的附加刚度增大造成的。由图 5-9 的单浮筒计算结果可知,当波周期 $T=4.2\mathrm{s}$ 时,即对应的波长 $\lambda=27.54\mathrm{m}=1.97l$($l$ 为浮筒长度),单浮筒系统发生共振。因此,在浮桥结构设计的过程中应该避免 $\lambda=2l$。第二个峰值的出现可能是由于多浮体系统引起的。多体系统和不同的连接方式导致了多浮箱和单浮箱频域响应特点的不同。

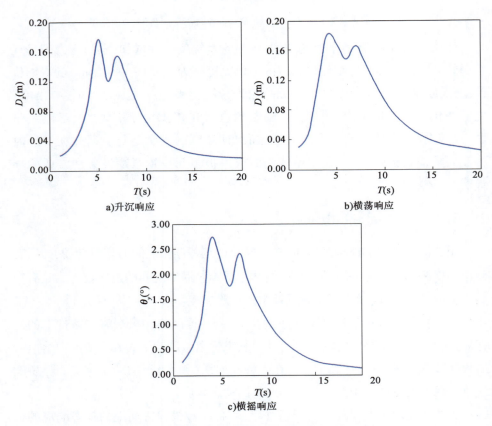

图 5-8 波周期对浮桥升沉、横荡和横摇位移响应的影响

第5章 浮桥的流体-结构相互作用机理

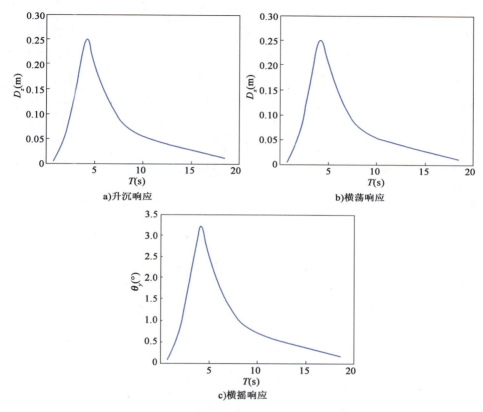

a)升沉响应 b)横荡响应 c)横摇响应

图 5-9 波周期对单浮筒浮体升沉、横荡和横摇位移响应的影响

5.2.4 波高的影响

考虑到浮桥在正常海况和极端海况下的动力特性差异,分别对应于其正常使用和因波浪漫顶而被禁用的情况,有必要使用表 5-5 中工况 3 和工况 5 列出的物理参数研究波高对浮桥动态响应的影响。

图 5-10 显示了波高对浮桥动态响应的影响。当不考虑流体黏性时(即黏度 $\mu=0$),对于波高 $H<1.6\mathrm{m}$[即 $(0.5H+d)/h<1.0$]或 $H>1.8\mathrm{m}$[即 $(0.5H+d)/h>1.2$][h 为水深(m)],垂荡响应随着波高的增大而线性增加。当考虑流体黏性时,垂荡响应随着波高的增大先线性增加,然后波高 $H>1.6\mathrm{m}$ 后呈非线性增加。

119

当参数$(0.5H+d)/h$超过$1.0\sim1.2$区域时，即发生明显的波浪越浪现象，则出现明显的"阶跃现象"。考虑黏性和不考虑黏性是不同的：不考虑黏性，这一现象表现为两个线性增长之间的断裂；考虑黏性，这一现象表现为连续非线性增长中的凹陷。这是因为波浪越浪使波浪荷载显著增加。跃浪现象对三个自由度的动力响应的影响程度不同，跃浪现象对浮桥垂荡和横摇响应的影响要比对横荡的影响大；流体黏性对三个自由度的动力响应的影响程度也不同，流体黏性对浮桥横荡的影响要比对垂荡和横摇的影响大。

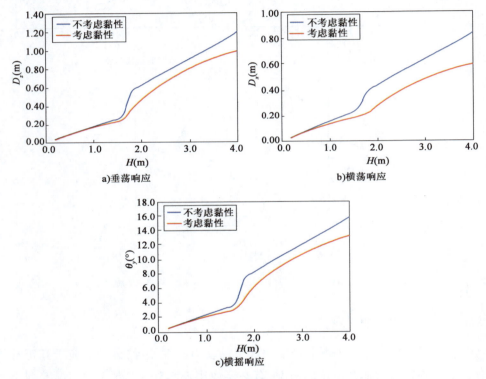

图 5-10　波高对浮桥动力响应的影响

根据结构荷载和流场计算结果，如图5-11所示，在不考虑黏性的情况下，在波浪跃浪现象发生之前，波浪荷载随波高线性增加，响应也随之线性增加；当发生波浪跃浪时，通过浮箱顶部的流体流动导致波浪荷载阶跃式增加。考虑黏度时，在波浪越浪之前，由于波浪爬高和波浪破碎的影响，已经有流体流过浮箱顶部，因此阶跃现象是连续的。也正因为如此，流体黏性在$(0.5H+d)/h=1.0$之前对浮桥的响应影响较小,波浪漫顶完全发生后,荷载显著增加,导致非线性增长中的凹陷。需要指出的是,水弹性理论无法捕捉这一现象。考虑黏性时,响应随波高非线性增加。因此,当波长足够长,波浪爬高足够小时,参数$(0.5H + d)/h = 1.0$可以作为描述流固耦合强度的参数,它可以指示波浪跃浪现象的显著发生。

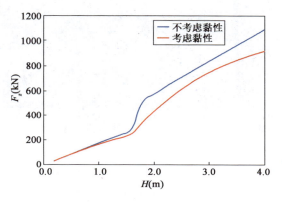

图 5-11 波高对浮桥荷载的影响

上述结论可由图 5-12 解释和证明。速度矢量场采用线积分卷积(LIC)方法成像,主要用于显示复杂的流动现象,如湍流和旋涡[50]。如图 5-12 所示,复杂物理效应的影响主要体现在以下几个方面:①波高增大会导致波浪跃浪现象,高速风会加剧桥面上的水-气相互作用;②漩涡在浮桥前端和后端底部形成、成长并最终脱落;③流体-结构相互作用和水-空气相互作用破坏了波形。所有这些物理效应对浮桥的荷载和响应有重要影响。

之前的计算结果和讨论表明,在一定潮位下,波浪越浪现象对浮桥的动力响应有显著影响。应该指出的是,这种波浪越浪通常发生在高潮位和大浪同时出现时。高潮位和大波高的不利组合在波浪漫顶中起着关键作用。因此,有必要进一步考虑各种潮位对浮桥的影响(图 5-13)。结果表明,波浪越浪使曲线呈凹形。虽然潮位不同,这也意味着吃水深度 d 不同,但波浪越浪发生在$(0.5H + d)/h = 1.0$处。随着潮位的升高,动力响应减弱,这是由于高潮位使系泊力增加而导致的。潮位上升导致吃水深度增加,这意味着较小的波高会导致波浪跃浪现象的发生。因此,当高潮位与不利波浪条件叠加时,将给浮桥的生存带来更大的挑战。

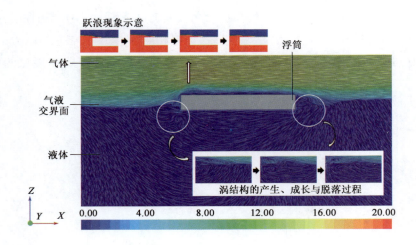

图 5-12 流场图(单位:m/s)
$H=1.8m$,考虑黏性

注:示意图中为采用流体体积法(Volume of Fluid method,简称 VOF 方法)表示的流体体积分数图,VOF 方法是一种用于追踪和定位流体界面的数值方法,特别适用于模拟多相流(如气液两相流)的界面运动。它基于求解流体体积分数的输运方程,来确定每个计算网格中的液体和气体的体积分数。图中红色表示液体,液体体积分数为 1;蓝色表示气体,液体体积分数为 0。

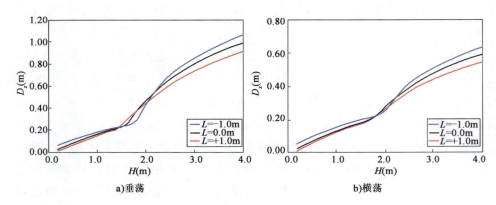

a)垂荡 b)横荡

图 5-13

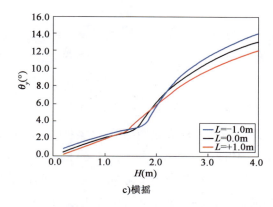

c)横摇

图 5-13 波高(H)和潮位(L)的联合对垂荡、横荡和横摇响应的影响

5.2.5 黏性的影响

本节将研究黏性的影响,计算浮桥在不同波高下的垂荡、横荡和横摇动力响应。如图 5-14 所示,由于黏性的影响,动态响应呈非线性增加。

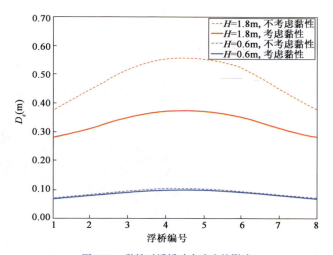

图 5-14 黏性对浮桥动力响应的影响

不同的波高意味着不同的海况。在不同的海况下,结构与流体相互作用的强度是不同的,这意味着黏性效应的强度,包括黏性耗散、波浪破碎、边界层等是不同的。选择波高 $H=0.6m$ 表示正常海况,选择 $H=1.8m$ 表示大海况或极端海况。计算结果见表 5-6。

黏性对浮桥动力响应的影响 表5-6

运动自由度		不考虑黏性	考虑黏性	相对差值 ε(%)
D_x(m)	$H=0.6$m	0.0896	0.0874	2.6
	$H=1.8$m	0.3484	0.2483	28.7
θ_y(°)	$H=1.8$m	7.7508	5.0435	34.9
	$H=0.6$m	1.3467	1.2894	4.3

结果表明，中心浮箱的动力响应比端部浮箱的动力响应强，即有较强的黏性耗散。当 $H=1.8$m 时，黏性效应使浮箱④（图5-6）的垂荡减小了33.1%，而端部浮箱①的垂荡减小了25.0%。当 $H=0.6$m 时，两者的值分别变为4.3%和1.0%。对于横荡和横摇，当 $H=1.8$m 时，响应分别减小28.7%和34.9%，而当 $H=0.6$m 时，响应分别减小2.6%和4.3%。由此可见，当波高足够大以至于发生跃浪现象时，黏性效应已成为影响极端海况下浮桥动力响应的主要因素之一。

5.3 梁式浮桥力学特性研究

5.3.1 E39浮桥方案

E39浮桥方案的水中部分是由38个浮筒支承，为了减少计算量并且能够在误差允许范围内反映浮桥动力学机理，现选取中间段部分四跨五浮筒为研究对象，通过有限元模型计算出外部结构对研究段的约束条件，并在模型中用连接件模拟约束。研究段模型布置如图5-15所示。

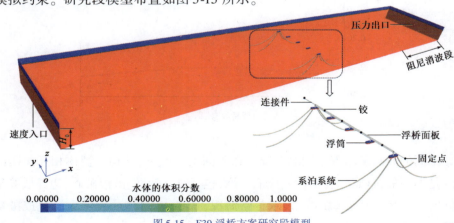

图5-15 E39浮桥方案研究段模型
H_0-水深

根据 E39 浮桥设计方案，浮筒、上部结构以及系泊系统参数设置见表 5-7，并根据研究目的设置计算算例，见表 5-8。

E39 浮桥浮筒、上部结构以及系泊系统参数设置　　　　表 5-7

参数	单位	数值
总长	m	53
宽	m	14.9
高	m	8.5
空载吃水深度 d	m	5.0
空载干舷高	m	3.5
浮筒总质量	kg	895000
横摇惯量	kg·m²	252000000
纵摇惯量	kg·m²	252000000
艏摇惯量	kg·m²	144000000
系泊缆单位长度质量	kg/m	82.2
系泊缆刚度	kN/m	1800
无应变长度	m	810

E39 浮桥方案计算算例　　　　表 5-8

算例	波浪要素		
	周期(s)	波高(m)	黏性
1	2.2~20	0.5	考虑
2	2.2~20	1	考虑
3	2.2~20	2	考虑
4	5	0~2	考虑
5	5	0~2	不考虑
6	6	0~2	考虑
7	6	0~2	不考虑
8	8	0~2	考虑
9	8	0~2	不考虑

5.3.2 波周期的影响

相邻浮箱之间的连接为单向铰链,仅允许相邻浮箱之间的相对转动,即所有浮箱的横荡和横摇是一致的。研究段浮桥两端的浮箱与研究段外部结构的连接设计为具有一定刚度的连接件,以模拟实际设计中的桥跨连接。

为了防止浮桥在各种海洋条件下发生共振,提高浮桥的生存能力,需确定浮桥的固有频率,并使波浪激励频率远离固有频率。表 5-8 中的算例 1 至算例 3,计算了浮桥在各种波周期(频率)下的动态响应。浮桥响应时程数据的幅值用于衡量某一物理量的动态响应。

图 5-16 显示了波周期对浮桥在垂荡、横荡和横摇位移响应的影响。结果表明,垂荡、横荡和横摇的动力响应均呈现双峰曲线特征。垂荡、横荡和横摇的最大响应值出现在 $T=8.0s$ 时。另一个较弱的峰值出现在 $T=5.0s$ 附近。浮桥的响应表现出双峰曲线的特点,且前者峰值大于后者。较大峰值($T=8.0s$)的出现是因为波周期接近单浮箱的自然周期(即 $T=8.3s$)时,浮桥结构发生共振,共振周期的减小是由于两侧浮筒的存在使得浮筒的附加刚度增大造成的。此结论与 5.2 节中,东非海岸某浮桥工程数值模拟结果具有较好的一致性。此外,图 5-16 中显示不同波高条件下波周期对浮桥动力响应的影响,计算结果表明,不同波高条件下波周期对浮桥动力响应特性的影响相同:浮桥动力响应都具有双峰特性,且后峰较前峰大。波高的主要影响体现在峰值的绝对值大小上,波高越大,峰值的绝对值越大。

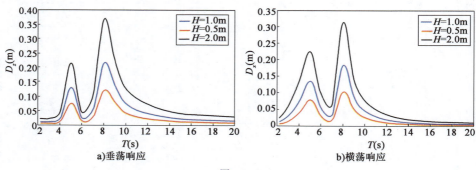

图 5-16

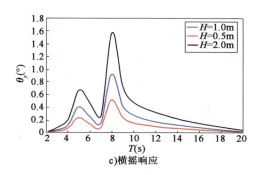

c) 横摇响应

图 5-16 波周期对浮桥垂荡、横荡和横摇位移响应的影响

为了进一步讨论流体黏性的非线性效应对峰值响应的影响，对 $T=8s$ 左右进行了加密计算，计算结果表明，当 $H=0.5m$ 时，峰值响应在 $T=8.02s$ 处取得；当 $H=1.0m$ 时，峰值响应在 $T=8.05s$ 处取得；当 $H=2.30m$ 时，峰值响应在 $T=8.09s$ 处取得。波高越大，浮桥的动力响应也越剧烈，黏性耗散越大，黏性效应的影响也越显著。黏性效应的影响主要体现在对多浮体运动系统的阻尼系统影响上，这种影响主要体现在对峰值响应所对应的周期偏移上：波高越大，峰值响应所对应的周期也越大，偏移量也越大。

为了深入探究波周期对浮桥动力响应特性影响的机理，根据深水波波周期与波长的关系（表5-9），以垂荡响应为例，探究了波长（λ）与浮筒长度（l）之比对浮桥动力响应的影响，计算结果如图5-17所示。$\lambda/l=0.74$ 以及 $\lambda/l=1.88$ 时，研究段浮桥结构发生共振。因此，在浮桥结构设计的过程中应该避免 $\lambda=2l$。双峰特性的出现可能是由于多浮体系引起的，且更接近 $\lambda=2l$ 处的峰值更大。

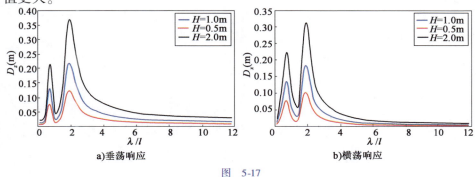

a) 垂荡响应   b) 横荡响应

图 5-17

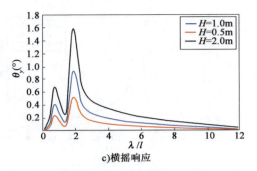

c) 横摇响应

图 5-17 浮桥响应与 λ/l（波长/浮筒长）的关系曲线

表 5-9 深水波波周期与波长的关系

波周期(s)	2.2	3	4	5	6	7	8	9	10	12	15	20
波长(m)	7.6	14.1	25.0	39.3	56.2	76.5	99.9	126.5	156.1	224.6	351.3	624.5

5.3.3 波高的影响

由于 E39 浮桥浮筒干舷高设计值较大，100 年一遇波浪条件下发生波浪漫顶的可能性很小，因此，在不考虑跃浪现象发生的条件下计算并分析了波高对浮桥动力响应的影响。计算结果显示的是中央浮筒的动力响应，如图 5-18 所示，随着波高的增加浮桥动力响应呈现较弱的非线性增加特性，且越接近固有周期浮桥动力响应越剧烈，非线性特性越明显。当波浪激励力周期接近浮桥结构固有周期时，浮桥的动力响应更加剧烈，流体黏性的影响更加显著，非线性特性也越明显。

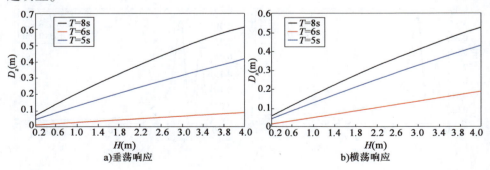

图 5-18

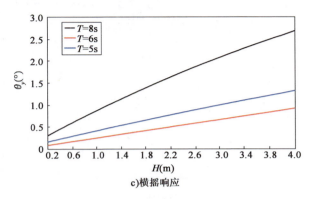

c) 横摇响应

图 5-18　考虑黏性条件下波高对浮桥响应的影响

结合本节计算结果与 5.2.4 节中结论,当未发生跃浪现象时,不考虑流体黏性时,动力响应随着波高增加而线性增加;考虑流体黏性时,动力响应随着波高增加而非线性增加,且波浪激励周期越接近浮桥结构固有周期时,响应越剧烈,非线性效应越明显。

5.3.4　黏性的影响

计算了浮桥在不同波高下的垂荡、横荡和横摇动力响应,探究了流体黏性对浮桥水动力特性的影响。由上节的结论可知,由于黏性的影响,动态响应随波高非线性增加。

不同的波高意味着不同的海况。在不同的海况下,结构与流体相互作用的强度是不同的,这意味着黏性效应的强度,包括黏性耗散、波浪破碎、边界层等是不同的。本节研究选择 $H=1m$ 以及 $H=2m$ 两种波高条件,分别计算了流体黏性对浮桥动力响应的影响,计算结果如图 5-19 及表 5-10 所示,其中相对差值,用下式计算:

$$\varepsilon = \frac{DR_P - DR_{NS}}{DR_{NS}}$$

式中,ε 为相对差值;DR_P 为基于势流理论模型的浮桥响应;DR_{NS} 为基于黏性流体理论模型的浮桥响应。

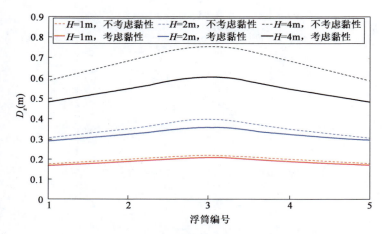

图 5-19 黏性对浮桥动力响应的影响

黏性对浮桥动力响应的影响（$T=8\mathrm{s}$） 表 5-10

运动自由度		不考虑黏性	考虑黏性	相对差值 $\varepsilon(\%)$
$D_x(\mathrm{m})$	$H=1.0\mathrm{m}$	0.184	0.175	5.14
	$H=2.0\mathrm{m}$	0.336	0.302	11.26
	$H=4.0\mathrm{m}$	0.640	0.512	25.00
$\theta_y(°)$	$H=1.0\mathrm{m}$	0.922	0.876	5.25
	$H=2.0\mathrm{m}$	1.689	1.520	11.12
	$H=4.0\mathrm{m}$	3.223	2.578	25.02

结果表明，中央浮箱的动力响应比端部浮箱的动力响应强，即有更强的黏性耗散。此结论与 5.2.5 小节中，针对东非海岸某浮桥结构的数值计算结果结论一致。当 $H=2\mathrm{m}$ 时，黏性效应使中央浮箱的垂荡减小了 11.1%，而端部浮箱的垂荡减小了 5.1%。当 $H=1\mathrm{m}$ 时，两者的值分别变为 5.3% 和 3.5%。对于横荡和横摇，当 $H=2\mathrm{m}$ 时，响应分别减小 11.26% 和 11.12%，而当 $H=1\mathrm{m}$ 时，响应分别减小 5.14% 和 5.25%。当波高 H 增大至 $4\mathrm{m}$ 时，此时结构响应剧烈，流体固体相互作用效应显著，流体黏性的影响达到 25%，此时的黏性影响较大，已然不可忽略。而针对 E39 工程实际建设区域的 100 年重现期波浪要素（$H=2\mathrm{m}$）来讲，当未发生跃浪现象等具有较强的非线性特性的物理效应时，流体黏性的影响较小，非黏性流体理论可以满足设计的要求。但当波高达到一定情况时，结构相应剧烈，流体结构相互作用效应显著，此时流体的黏性对浮桥结构动力响应的影

响则不可忽略。

此外,值得说明的是,本书采用 FVM 和 VOF 等数值方法来研究结构与流体的相互作用并通过流体黏性系数是否为零来研究流体黏性的影响,这种方法的优势在于可以考虑跃浪等物理效应的影响。本书没有探究不同数值方法,如 FVM 和 FEM 给浮桥数值模拟带来的影响和误差。

5.4 系泊系统机理研究

5.4.1 模型设置

为了研究系泊系统机理,以挪威 E39 Bjørnafjorden 大桥的系泊单浮箱为研究对象,采用不同的系泊模型计算了浮体和系泊系统的动态响应。以浮筒浮心为坐标原点,顺浮筒向为 x 轴,横浮筒向为 y 轴,垂向为 z 轴建立坐标系,坐标系如图 5-20 所示。浮体结构参数见表 5-11 ~ 表 5-13。

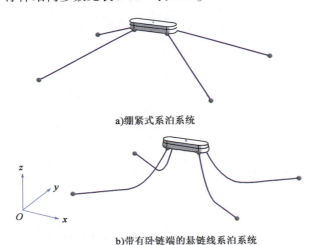

a) 绷紧式系泊系统

b) 带有卧链端的悬链线系泊系统

图 5-20　锚系浮体模型图

浮体结构参数表　　　　　　　　表 5-11

参数	单位	数值
长	m	38
宽	m	14.9
高	m	8.5

续上表

参数	单位	数值
恒载吃水	m	5
单浮箱质量	kg	895000
I_{xx}	kg·m²	252000000
I_{yy}	kg·m²	252000000
I_{zz}	kg·m²	144000000

整体坐标下系泊系统位置　　　　　　　　　　表 5-12

距离质心位置(m)	x	y	z
1	100	80	−50
2	100	−80	−50
3	−100	80	−50
4	−100	−80	−50

上部桥墩的刚度约束矩阵　　　　　　　　　　表 5-13

分量	单位	取值
x	N/m	6024000
y	N/m	75000
z	N/m	3623000
R_x	N·m/(°)	22470000
R_y	N·m/(°)	113700
R_z	N·m/(°)	636900

注：取主对角元素，忽略其他相对较小的非主对角元素。

5.4.2　系泊系统模型研究

依据研究目的设计了 5 组算例，每组算例的环境要素输入见表5-14。

算例环境要素输入表　　　　　　　　　　　表 5-14

算例	波浪		水流(m/s)
	周期(s)	波高(m)	
1	5	0.2,0.6,1.0,1.5,2.0	0
2	5	1	2

续上表

算例	波浪		水流(m/s)
	周期(s)	波高(m)	
3	5	1	0,1,2,3,4,5
4	5	0.2,0.6,1.0,1.5,2.0	2
5	5	1	1

5.4.2.1 材料非线性的影响

采用多项式系数法定义线性材料和3种非线性材料(非线性材料1、非线性材料2和非线性材料3),4种材料的非线性依次增强(表5-15)。4种材料的张力-变形曲线如图5-21所示。采用算例1的环境要素作为输入条件,计算结果如图5-22和图5-23所示。

多项式系数法描述的非线性材料各项系数　　　　表5-15

材料	A	B	C	D	E
线性材料	1000000	0	0	0	0
非线性材料1	1000000	−35000	−5000	−1500	−500
非线性材料2	1000000	−70000	−10000	−3000	−1000
非线性材料3	1000000	−140000	−20000	−6000	−2000

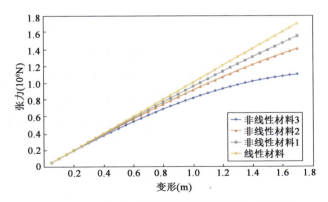

图5-21　多项式系数法描述的非线性材料张力-变形曲线

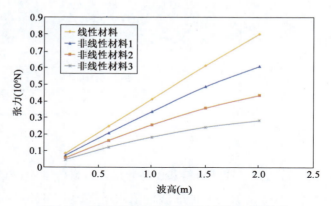

图 5-22　不同材料条件下系泊缆张力随波高变化情况

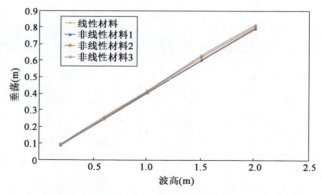

图 5-23　不同材料条件下浮体垂荡随波高变化情况

计算结果表明,系泊缆材料非线性特性对浮体-系泊系统影响主要体现在对系泊力的影响上,且材料非线性特性越明显,对系泊力的影响也越大。另外,不考虑材料非线性时,随着波高的增加,系泊力线性增加;考虑材料非线性时,随着波高的增加,系泊力非线性增加,且材料非线性特性越强,这种非线性特性越明显。

5.4.2.2　静态模型与动态模型对比

用于对比两种系泊模型的参数设置见表 5-16。

系泊参数设置 表 5-16

模型	参数	单位	数值
准静态模型	系泊刚度	N/m	1000000
动态模型	单位长度质量	kg/m	15
	截面面积	m^2	0.001
	抗拉压刚度 EA	N	120000000
	附加质量系数		1
	拖曳力系数		1(横);0.025(纵)

注:两种模型的介绍详见 4.2.3 小节和 4.3.3 小节。

采用算例 2 的环境输入条件和表 5-16 中的系泊系统参数,计算得到的结果如下,浮体在波浪作用下,除去预应力之外,由波浪引起的系泊力增量的最大值分别为:准静态模型 147.529kN;动态模型 97.456kN。稳态时,两种模型的垂荡响应时程曲线如图 5-24 所示。计算结果表明,系泊缆材料非线性特性对浮体-系泊系统影响主要体现在对系泊力的影响上,且材料非线性特性越明显,对系泊力变化规律的影响也越大。另外,不考虑材料非线性时,随着波高的增加,系泊力线性增加;考虑材料非线性时,随着波高的增加,系泊力非线性增加,且材料非线性特性越强,这种非线性特性越明显。

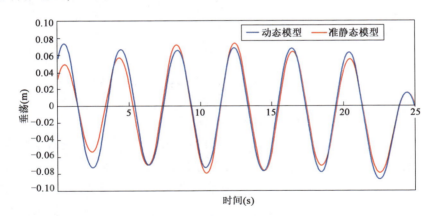

图 5-24 两种系泊模型下浮体稳态垂荡响应时程曲线

5.4.2.3 环境要素及结构参数对系泊缆动态行为的影响

(1) 流速的影响

为了探究流体作用力以及流体阻尼对系泊缆动态行为的影响,根据算例 3 计算了不同流体流速条件下的系泊缆动态响应,计算结果如图 5-25 和图 5-26 所示。

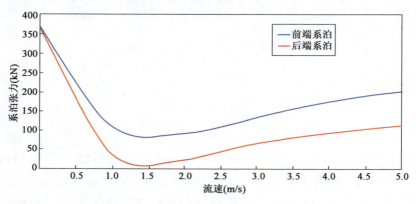

图 5-25　流速对前端和后端系泊力的影响

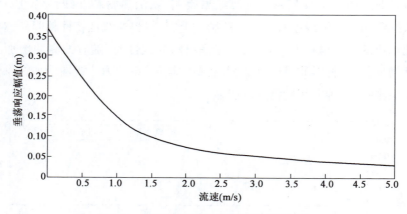

图 5-26　浮体垂荡稳态响应幅值随流速的变化

计算结果表明:系泊张力随着流速的增大呈现 U 形变化,即先减小后增大,对本例来说,流速达到 1.5m/s 时,系泊张力最小;流体流速对前端和后端系泊张力的影响程度不同,对后端的系泊缆影响更大,且不考虑流体流速时两者大小一致,随着流速增大,后端系泊缆系泊张力始终小于前端系泊缆;随着流速的增大,浮体垂荡响应减小,可能由于系泊张力、流体作用力和阻尼共同作用的结果。

图 5-27 表明了动态模型下系泊缆动态响应的示意图。可以明显看出在流体作用下,系泊缆存在变形以及动态效应,这些物理响应在静态模型以及准静态模型中难以捕捉,且这些物理效应对准确的预测系泊张力以及浮体响应至关重

要。因此,为了建立更加准确的物理模型,引入系泊系统的动态模型至关重要。

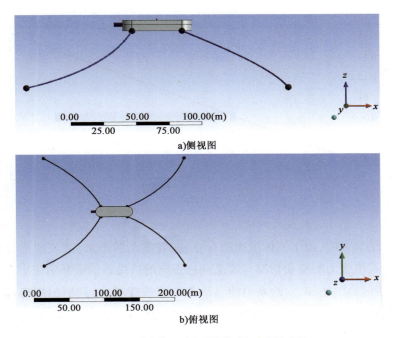

图 5-27　动态模型下的系泊缆动态响应示意图

(2) 波高的影响

为了探究波浪要素对系泊缆动态行为的影响,根据算例 4 计算了不同波高条件下的系泊缆动态响应,计算结果如图 5-28 和图 5-29 所示。

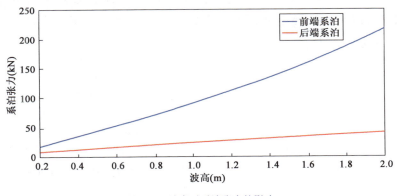

图 5-28　波高对系泊张力的影响

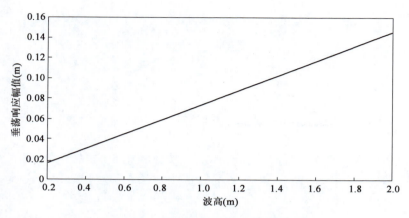

图 5-29　波高对浮体垂荡响应的影响

计算结果表明,由于流体流速的存在,随着波高的增加,波流前进方向的前端系泊缆系泊张力的变化情况与波流前进方向的后端系泊缆系泊张力变化情况不同:随着波高的增加,前端系泊缆系泊张力非线性增加,且增加幅度远大于后端系泊缆系泊张力,且由于后端系泊缆系泊张力较前端系泊缆系泊张力小,因此更加接近线性增加。

(3)系泊缆无应变长度的影响

为了探究系泊缆无应变长度(L)对系泊缆动态行为的影响,根据算例 5 计算了不同无应变长度条件下的系泊缆动态响应,计算结果如图 5-30 ~ 图 5-33 所示。锚固点与浮体系泊连接点之间的空间距离为 117.6m,设置了 120m、121m、122m、125m 以及 130m 5 种不同的无应变长度,无应变长度越大,则与海床接触的部分的长度也越长。

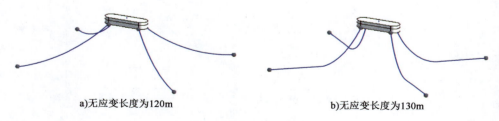

a)无应变长度为120m　　　　b)无应变长度为130m

图 5-30　系泊缆长度示意

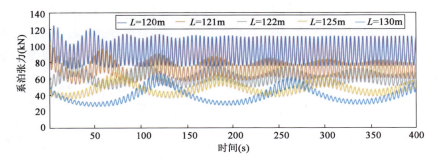

图 5-31　不同无应变长度前端系泊缆的系泊张力时程曲线

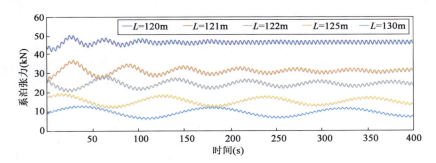

图 5-32　不同无应变长度后端系泊缆的系泊力时程曲线

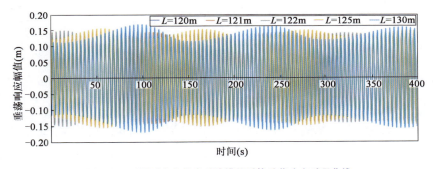

图 5-33　不同无应变长度系泊缆的浮体垂荡响应时程曲线

计算结果表明,随着系泊缆无应变长度的增加,系泊张力的减小和振动幅度增大,与悬链部分系泊缆的长度减小以及悬链线的张紧相关;系泊张力振荡除了与波周期一致的短周期振荡外,还存在一个随着无应变长度增大而增大的长周期振荡,且这个振荡在逐渐减弱,并最终消失,这是因为与海床接触部分的系泊缆的存在增大了系泊缆振荡的阻尼,且长度越大,阻尼越大,振荡周期越长,衰减的时间也越长；前端系泊缆与后端系泊缆的变化规律一致；随着无应变长度增大，浮体的垂荡响应增大，原因在于系泊张力响应的减小；此外，与系泊张力的振荡一致，垂荡响应的振荡也存在一个长周期衰减振荡，规律与系泊力振荡规律一致。

5.4.3　系泊系统算例——E39 浮桥方案

依据上节的计算结果采用 E39 工程设计参数以及系泊系统动态模型，对 E39 项目中编号为 K12 的设计方案中的系泊系统的动态响应进行了模拟。E39 项目系泊系统输入的参数见表 5-17，锚泊点坐标见表 5-18，系泊系统布置 z 向俯视图如图 5-34 所示，计算算例见表 5-19。

E39 项目系泊系统参数输入　　　　　　　　　　　　　　　　　表 5-17

参数	单位	数据
单位长度质量	kg/m	82.2
截面直径	m	0.146
截面面积	m^2	0.067
抗拉压刚度 EA	N	1450000000
附加质量系数		1.5
拖曳力系数		1.2(横)；0.1(纵)
系泊缆	m	810
预张力	10^6 N	2.3

E39 项目系泊系统锚泊点坐标　　　　　　　　　　　　　　　　表 5-18

系泊点	X	Y	Z
浮筒上的系泊点	24	7	-5
	24	-7	-5
	-24	7	-5
	-24	-7	-5
海床上的系泊点	650	120	-500
	650	-120	-500
	-650	120	-500
	-650	-120	-500

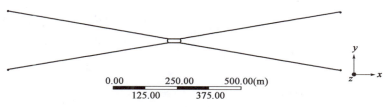

图 5-34　系泊系统布置 z 向俯视图

E39 项目计算算例　　　　　　　　　　　表 5-19

算例	波浪要素		水流要素流速（m/s）	系泊缆无应变长度（m）
	周期（s）	波高（m）		
1	0～20	1	0	810
2	8.3	1	0～4	810
3	8.3	1	0	807～815

5.4.3.1　波周期的影响

探究波周期或波长对浮桥结构与系泊系统动态响应的影响，对表 5-19 计算算例中算例 1 进行数值计算，计算结果如图 5-35 和图 5-36 所示。如图 5-35 所示，浮桥动态响应呈现双峰特性，且后峰峰值大于前峰峰值，峰值分别出现在 $T=5.0s$ 以及 $T=8.3s$。由于响应出现双峰特性，导致系泊张力的大小随波周期的变化也出现双峰特性，由于本例采用的系泊缆线密度较大，因此，前端系泊缆系泊张力略大于后端系泊缆的系泊张力，但两者差距不大。

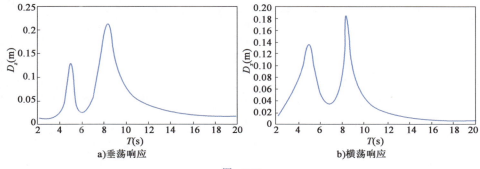

图 5-35

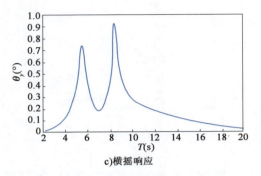

c) 横摇响应

图 5-35 波周期对浮筒响应的影响

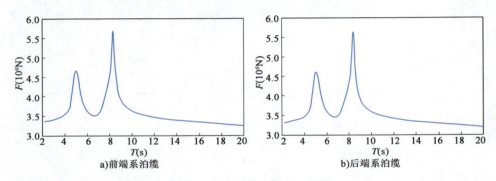

a) 前端系泊缆　　　　　　　　　　　　b) 后端系泊缆

图 5-36 波周期对系泊张力的影响

根据深水波波周期与波长的关系，如图 5-37 所示，以垂荡响应为例，探究了波长与浮筒长之比对浮桥动力响应的影响，计算结果如图 5-38 所示。$\lambda/l = 0.74$（l 为浮筒长度）以及 $\lambda/l = 2.03$ 时，研究段浮桥结构发生共振。因此，在浮桥结构设计的过程中应该避免 $\lambda = 2l$。

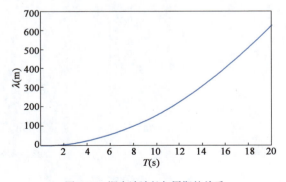

图 5-37 深水波波长与周期的关系

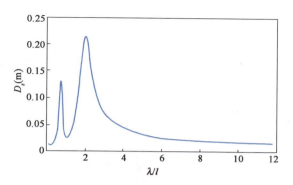

图 5-38 垂荡响应与波长/浮筒长度的关系

5.4.3.2 流速的影响

探究流体流速对浮桥结构与系泊系统动态响应的影响,对表 5-19 中算例 2 进行数值计算,计算结果如图 5-39 和图 5-40 所示。流速对浮桥结构动力响应的影响主要体现在两个方面:一是,随着流速的增加流体对浮筒的作用力增大;二是,流体对系泊系统系泊缆的流体作用力以及流体阻尼的影响。计算结果表明,随着流体流速的增加,浮桥动力响应非线性增加。随着流速的增大,前端系泊缆和后端系泊缆都非线性增大,且前端系泊缆的系泊张力较后端系泊缆的系泊张力大,这是由于水流对浮筒以及系泊缆的作用力导致的。从静力平衡角度出发,两者的插值应当与流体浮筒的作用力相当。

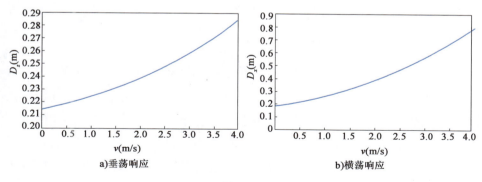

a) 垂荡响应　　　　　　　　　b) 横荡响应

图 5-39

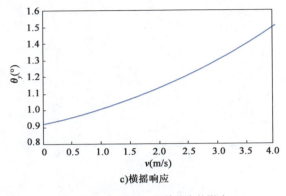

c)横摇响应

图 5-39 流速对浮筒响应的影响

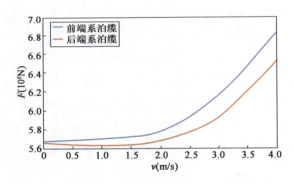

图 5-40 流速对系泊张力的影响

5.4.3.3 无应变长度的影响

探究系泊缆无应变长度(l_0)对浮桥结构与系泊系统动态响应的影响,对表 5-19 中算例 3 进行数值计算。对于悬链式系泊系统无应变长度主要影响的是系泊缆的预应力(F_0),两者关系如图 5-41 所示。由于系泊缆两端空间点的距离是 810m,因此在 810m 之前,系泊缆是张紧的,预应力随着无应变长度的增大呈线性减小;当无应变长度超过 810m 时,系泊系统呈悬链状,预应力随着无应变长度的增大呈非线性减小。

第5章 浮桥的流体-结构相互作用机理

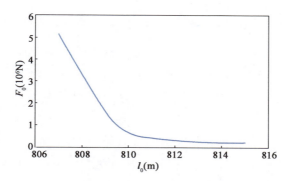

图 5-41 无应变长度与系泊缆预应力的关系曲线

如图 5-42 所示，随着无应变长度的增加，预应力减小，导致浮筒的动力响应更加剧烈，且呈现非线性特性，且这种非线性特性在垂荡以及横荡自由度体现得更加明显。

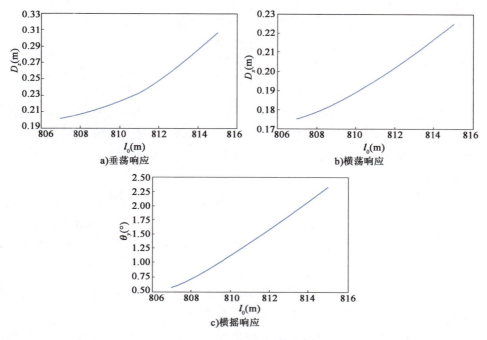

图 5-42 无应变长度对浮筒响应的影响

5.5 本章小结

本章采用第4章中所建立并验证的浮桥动力学模型,对潮位、波浪周期、波高和黏性对浮桥性能的影响开展了数值模拟研究;采用不同的系泊系统模型对系泊系统力学特性进行了数值模拟计算与分析,主要结论如下:

(1)随着潮位的升高,吃水深度和系泊张力增大。因此,在浮桥设计时应当充分考虑建设区域的潮位变化情况,考虑潮位变化对浮桥吃水深度和系泊设计的影响,避免出现越浪现象的发生;另外,浮桥段和固定段之间的连接件和系泊系统的设置应该能够充分满足建设区域的潮位变化情况。

(2)确定了浮桥结构的自振周期。与单浮体不同,其动力响应呈现双峰特性;不同的桥型和系泊系统的布置会影响浮桥结构的自振周期,对于不同结构的浮桥,应当采用本章提出的方法确定其自振周期。所设计的浮桥结构自振周期应当避开工程建设区域典型环境要素的周期,从而远离结构共振,避免出现不利于结构安全的要素。如若浮桥结构自振周期与典型环境要素周期一致或接近,应当适当优化浮桥结构。特别指出,在浮桥结构设计时,应当避免 $\lambda = 2l$,而应当在 $\lambda = l$ 左右探求合适的浮筒尺寸。

(3)当参数 $(0.5H+d)/h < 1.0$ 或 $(0.5H+d)/h > 1.2$ 时,忽略黏性,响应随波高线性增加。考虑黏性时,响应随波高非线性增加。当波浪发生越浪时,激振力增大,导致"阶跃现象"。潮位直接影响"阶跃现象"发生时的波高。跃浪的发生会对结构安全构成极大威胁,因此,在设计浮桥结构时应当留足干舷高或设置防跃浪装置,以免跃浪现象的发生。

(4)由于黏性效应,动力响应减弱,且响应越强,影响越显著。这是因为响应越强,结构与流体的相互作用越强,黏性效应越明显。当发生跃浪现象时,两者的差距高达33.1%,不容忽视。在较大海况下,需考虑黏性从而避免过度设计。

(5)系泊缆材料非线性特性对浮体-系泊系统影响主要体现在对系泊张力的影响上,且材料非线性特性越明显,对系泊张力的影响也越大。

(6)流体流速对前端和后端系泊张力的影响程度不同,对后端的系泊缆影响更大。因此,在潮流较大的工程建设区域,建议增加后端悬链线的线密度,以增强系泊系统对浮桥结构的约束。

（7）随着波高的增加，前端与后端系泊缆系泊张力变化情况不同，前端系泊缆系泊张力非线性增加，且增加幅度大于后端系泊缆系泊张力。

（8）随着系泊缆无应变长度的增加，系泊张力减小，振动幅度增大。

浮桥作为一种新型的跨海运输形式，具有明显的优势和一定的发展前景。但由于复杂的海洋环境，在港口或峡湾设计和建造一座长浮桥具有挑战性。在结构设计和极限校核中，建立能够准确预测浮桥动力响应的数学模型是非常重要的。

CHAPTER 6
| 第6章 |
浮桥方案设计优化理论研究

6.1 概述

本章把多目标进化算法引入浮桥的优化中,选择分别反映结构舒适性指标和经济性指标的垂荡、横荡和横摇动力响应幅值和用钢量作为优化目标,采用快速非支配排序遗传算法(Nondominated Sorting Genetic Algorithm Ⅱ,缩写为 NSGA-Ⅱ算法)的多目标进化算法,结合第 4 章的浮桥动力学模型所获得的第 5 和第 6 章的动力响应和动力特性的数值模拟结果(如反映结构舒适性指标和经济性指标的垂荡、横荡和横摇动力响应幅值和用钢量),进行优化计算与分析。以挪威 E39 项目所设计的浮箱结构尺寸为例,研究浮体间距、浮箱形状和浮箱尺寸对浮体结构所受荷载的影响,为浮箱设计提供依据。

6.2 基于多目标进化算法的方案优化方法

6.2.1 多目标进化算法

多目标优化问题最早可追溯到 1772 年的 Franklin 提出的多目标如何协调的问题,随后在 1896 年法国经济学家 Pareto 正式提出了多目标优化的概念。多目标优化问题是指在给定的约束条件下,寻找多个目标函数的最优解的问题。多目标优化问题的数学形式描述如下:

$$V - \begin{cases} \min_{x \in X} f(x) = [f_1(x), f_2(x), \cdots, f_m(x)]^T \\ \text{st} g_i \leq 0 \quad (i = 1, 2, \cdots, p) \\ h_j = 0 \quad (j = 1, 2, \cdots, q) \end{cases}$$

式中,m 为目标函数的个数;$g_i, h_j: R^n \to R, x \in R^n$ 为决策变量,$x = \{x | x \in R^n, g_i(x) \leq 0, h_j(x) = 0, i = 1, 2 \cdots, p, j = 1, 2, \cdots, q\}$ 称为可行域。

[**定义 6-1**] 称向量 $u = (u_1, u_2, \cdots, u_k)$ 优于向量 $v = (v_1, v_2, \cdots, v_k)$,记为 $u \leq v$,当且仅当任意 $i \in \{1, 2, \cdots, k\}, u_i \leq v_i$,且存在 $i \in \{1, 2, \cdots, k\}$,使 $u_i < v_i$。

[**定义 6-2**] 称 $x^* \in X$ 是问题的 Pareto 最优解,当且仅当不存在 $x \in X$,使得 $f(x)$ 优于 $f(x^*)$,Pareto 最优解也称为非劣解、有效解,相应的向量目标称为非占优解。

$X^* = \{x \in \Omega | x \text{ 是 Pareto 最优解}\}$ 称为 Pareto 最优解集。X^* 在 f 下的象集,$f(X^*) = \{f(x) | x \in X^*\}$ 称为 Pareto 前端(Pareto front),如图 6-1 中的 $ABCDEF$ 曲线。

进化算法是一种模拟自然进化过程的全局优化方法,它应用了达尔文关于生物进化的观点,通过选择、交叉、变异等机制来提高个体的适应性。进化算法是一种基于群体的搜索技术,具有鲁棒性强、搜索效率高、不易陷入局部最优等特点[68-69],同时不需要优化目标,是优化参数的显示函数。优化目标是通过求解微分方程得到的数值解,无法写成优化参数的显示函数,基于以上原因本书选取进化算法作为优化方法。

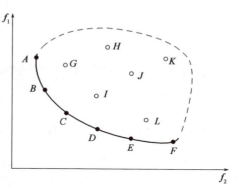

图 6-1 两个目标的 Pareto 前沿示意图

多目标进化算法的基本原理就是采用进化算法来求解 Pareto 曲线,多目标算法有很多种。本书采用的是国际比较流行的快速非支配排序遗传算法(Non-dominated Sorting Genetic Algorithm Ⅱ,缩写为 NSGA-Ⅱ算法)。NSGA-Ⅱ采用小生境技术在保持群体分布性和多样性比较优异,采用了精英保留机制从而减少了优秀解的丢失。NSGA-Ⅱ算法详见文献[68]与[69]。

6.2.2 优化目标及决策变量

浮桥方案的优化目标有以下几种：

(1)结构安全风险指标。由于浮桥结构多处于暴露在海洋环境条件下的河口、港口以及峡湾中，所以浮桥结构的安全性受到极大的挑战。这里主要采用结构强度指标来衡量结构安全风险指标,如结构内力等。

(2)结构经济性指标。浮桥结构相较于传统桩基础桥梁的一个优势就是经济性。这里采用建设费用来衡量结构经济性指标。

(3)结构舒适性指标。结构舒适性指标通常包括结构的稳定性、振动控制、噪声水平等指标。这里主要采用浮桥结构在正常海况工作条件下的结构位移响应来衡量结构舒适性。

浮桥方案的决策变量有以下几种：

(1)浮箱的数量、形状及结构尺寸。

(2)桥面板结构参数。

(3)桥墩结构参数。

(4)系泊系统布置。

6.3 结构优化计算与分析

6.3.1 浮箱间距优化计算与分析

以挪威 E39 项目所设计的浮箱结构尺寸为例,研究了浮体间距对浮体结构所受荷载的影响,为浮箱设计提供依据。如图 6-2 所示,图中 w 指浮箱宽度, W 指浮箱间距。不同间距条件下的浮箱受到正向波浪($H = 1\text{m}, T = 5.5\text{s}$)激励,计算浮体结构所受的荷载,计算结果如图 6-3 所示。

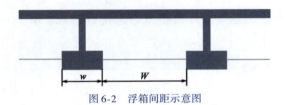

图 6-2 浮箱间距示意图

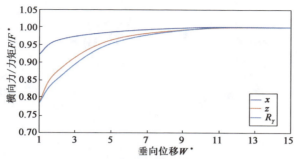

图 6-3 浮箱间距对所受荷载的影响

$$W^* = \frac{W}{w}, F_x^* = \frac{F_x}{F_{x\text{-single}}}, F_z^* = \frac{F_z}{F_{z\text{-single}}}, M_y^* = \frac{M_y}{M_{y\text{-single}}}$$

式中，$F_{x\text{-single}}$、$F_{z\text{-single}}$ 以及 $M_{y\text{-single}}$ 分别是单浮箱在上部约束条件下，相同波浪条件激励下的结构横向力、纵向力以及轴向弯矩荷载；F_x、F_z、M_y 分别为任一时刻的结构横向力、纵向力及轴向弯矩。

计算结果表明，由于存在遮蔽效应，浮箱之间的相互影响使得所受荷载减小，随着浮箱间距的增大，遮蔽效应减弱，当达到 10 倍浮箱宽度以上时，遮蔽效应基本消失；值得说明的是，国内外对此研究表明，浮箱间距随浮箱所受荷载的影响机理并不明确，在此条件下，在设计的过程中可以避免这种效应带来的不确定性。以 E39 项目为例，浮箱宽度为 14.9m，实际设计的浮箱间距为 125m，$W^* = 9.69$，这种遮蔽效应基本被消除。因此，在结构设计的过程中，应当采取以上原则。

6.3.2 浮箱形状优化计算与分析

浮箱的形状是浮箱水动力特性的决定性因素，因此，需要对浮箱的形状进行优化。包括 E39 项目提出的"Oval（操场）"形截面在内，提出 4 种截面形状，如图 6-4 所示。为了保证能够提供相同的浮力，在吃水深度（$d = 5\text{m}$）相同的情况下，4 种截面的截面面积相等，均为 $S = 746.715\text{m}^2$。

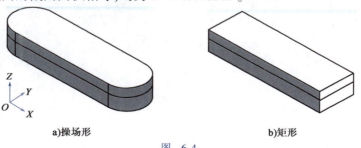

a) 操场形　　　　　　　　b) 矩形

图 6-4

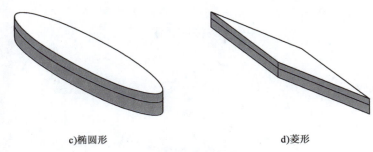

c)椭圆形　　　　　　　　d)菱形

图 6-4　不同的浮箱形状

以 X 向(顺浮箱向)的荷载、附加质量和附加阻尼为评价指标,计算各种浮箱截面形状的水动力特性,结果如图 6-5 所示。

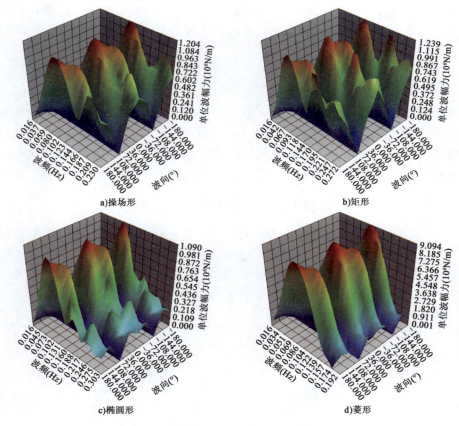

图 6-5　四种不同截面的浮箱水动力特性

计算结果表明,X 向的附加质量:矩形＞操场形＞椭圆形＞菱形;X 向附加阻尼:矩形＞操场形＞椭圆形＞菱形;荷载幅值峰值:矩形＞椭圆形＞操场形＞菱形。

由非扰动波形成的不稳定压力场所施加的傅汝德-克雷洛夫力(Froude-Krylov Force)与由浮体对波浪的扰动而产生的绕射力(Diffraction Force)叠加构成了规则波中的浮体的非黏性力。浮箱所受水动力荷载方面:

(1)操场形浮箱特点:频域内呈双峰特性,峰值出现在 0.11Hz 和 0.21Hz 处,其中 0.11Hz 处的峰值最大;存在两个荷载不利方向。

(2)矩形浮箱特点:频域内出现三个峰值,峰值出现在 0.11Hz、0.20Hz 和 0.25Hz 处,其中 0.11Hz 处的峰值最大;存在两个荷载不利方向。

(3)椭圆形浮箱特点:频域内呈双峰特性,峰值出现在 0.11Hz 和 0.26Hz 处,其中 0.11Hz 处的峰值最大;存在四个荷载不利方向。

(4)频域内呈很明显的单峰特性,峰值出现在 0.10Hz 处;存在四个荷载不利方向。

根据上述计算结果,综合水动力特性、所受荷载大小、制作工艺及难度,推荐浮箱截面形状的排序是:操场形、矩形、椭圆形、菱形。

此外,在浮箱底部增加阻水法兰,能够有效地增加浮箱结构的附加质量和附加阻尼,以改善浮箱的水动力特性,如图 6-6 和图 6-7 所示。由于上部结构的约束以及较大的截面积,Z 向的附加质量和附加阻尼均大于 X 向,增加阻水法兰后,由于法兰的阻水作用,改善了浮体的水动力特性,其中:X 向的附加质量和附加阻尼增加 5% ~ 10%,峰值处增加量大;Z 向的附加质量和附加阻尼增加 25% ~ 30%,峰值处增加量大;阻水法兰对竖向的水动力特性影响更加显著,并且能够有效地改善浮箱的水动力特性。因此,在加工技术难度允许的条件下,建议增加阻水法兰构建以改善浮箱的水动力特性(图 6-8 和图 6-9)。

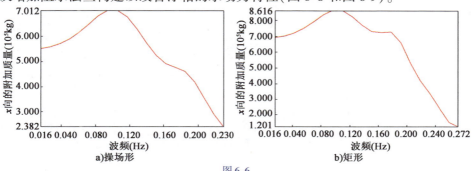

图 6-6

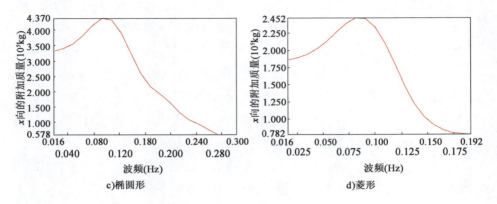

图 6-6 不同浮箱的 X 向附加质量

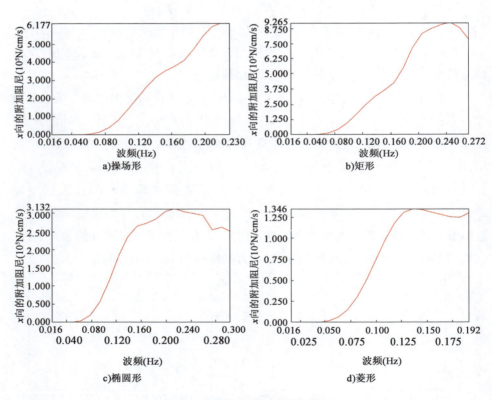

图 6-7 不同浮箱的 X 向附加阻尼

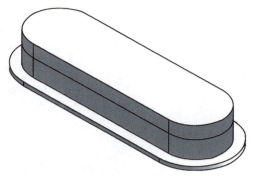

图 6-8　增加阻水法兰的操场形截面浮箱

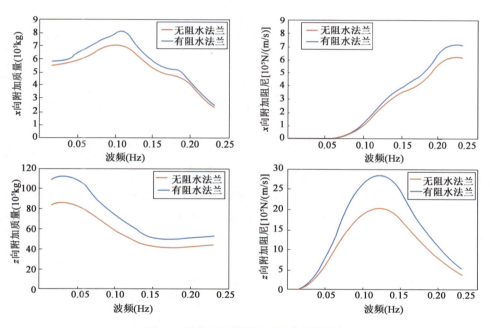

图 6-9　阻水法兰对浮箱水动力特性的影响

6.3.3　浮箱尺寸优化计算与分析

确定操场形浮箱截面形状后,对浮箱的结构尺寸进行优化(图 6-10)。同样地,在保证能够提供相同的浮力、截面形状和吃水比(d/h)的前提下,设初值尺寸为:

$$S_0 = 746.715\text{m}^2, h_0 = 8.5\text{m}, d_0 = 5\text{m}$$

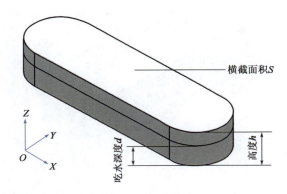

图 6-10 操场形浮箱参数示意

记结构尺寸比例为：

$$\mu = \frac{d}{d_0} = \frac{h}{h_0}, \frac{1}{\mu^2} = \frac{S}{S_0}$$

式中, d 为吃水深度；h 为浮箱高度；S 为浮箱水平面面积；d_0 为吃水深度初值；h_0 为浮箱高度初值；S_0 为浮箱水平面面积初值。

改变不同的结构尺寸比例，得到不同结构尺寸的水动力特性，并给出了 $\mu = 0.5$、1.0、1.5、2.0 时，浮筒水动力荷载、附加质量和附加阻尼随波浪频率的变化情况（图 6-11 ~ 图 6-14）。

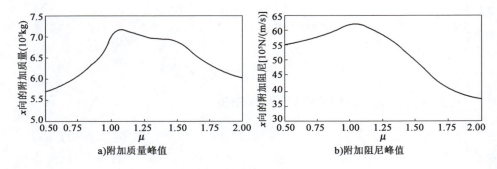

图 6-11 不同 μ 条件下的浮筒附加质量与附加阻尼峰值

第6章 浮桥方案设计优化理论研究

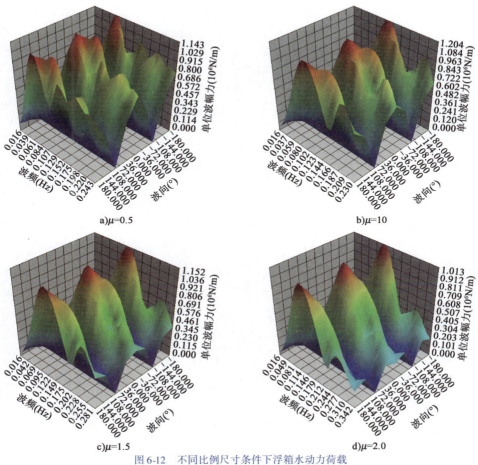

a) $\mu=0.5$
b) $\mu=1.0$
c) $\mu=1.5$
d) $\mu=2.0$

图 6-12 不同比例尺寸条件下浮箱水动力荷载

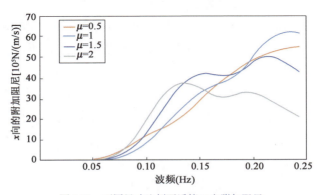

图 6-13 不同尺寸比例下浮箱 X 向附加阻尼

157

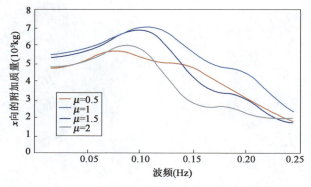

图 6-14 不同尺寸比例下浮箱 X 向附加质量

计算结果表明,当 μ 取值在区间[1,1.25]范围内时,附加质量和附加阻尼取得较大值,此时水动力特性最优,此外,μ 取不同值时峰值频率有所差异,因此,在实际进行浮桥设计时,应当根据实际海域的波浪要素来取的最优的 μ 值。

6.4 优化数值研究

如图 6-15 所示为浮桥的设计流程,可以发现,浮箱自身重量与提供的浮力(或恒载排水)的比值 λ 是需确定的首要参数,其值直接影响了浮箱初步设计的结构基本尺寸。因此,以 E39 项目浮箱重浮比 λ 设计为例,采用多目标优化算法,基于第 4 章提出的浮桥动力学模型,对重浮比 λ 进行优化计算与分析。

采用 E39 项目建设区域的环境要素值为输入条件:1 年重现期波浪要素为波周期 4s、波高 1m。采用 E39 浮桥设计案例中参数取值:$M = 2691$t。以浮桥结构经济性(以浮箱总质量为指标,浮箱总质量越小越经济)和浮桥结构使用舒适性(以浮桥响应幅值为指标,响应幅值越小越舒适),对浮箱重浮比 λ 进行优化计算与分析,计算结构如图 6-16 所示。

计算结果表明:横荡响应幅值与浮箱总质量随重浮比 λ 的变化趋势一致,不适宜作为舒适性指标;宜采用垂荡响应或横摇响应幅值为浮桥舒适性指标;以垂荡响应幅值或横摇响应幅值为指标时,为兼顾浮桥的经济性与舒适性,优化计算结果 λ 的最优区间为[0.25,0.35];E39 浮桥设计实际采用的浮箱重浮比 $\lambda = 0.27$,在本算法优化后的浮箱重浮比最优区间内。

第6章 浮桥方案设计优化理论研究

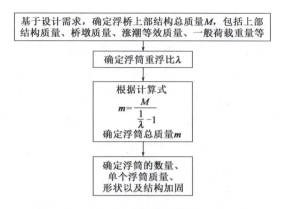

图 6-15　浮桥设计流程

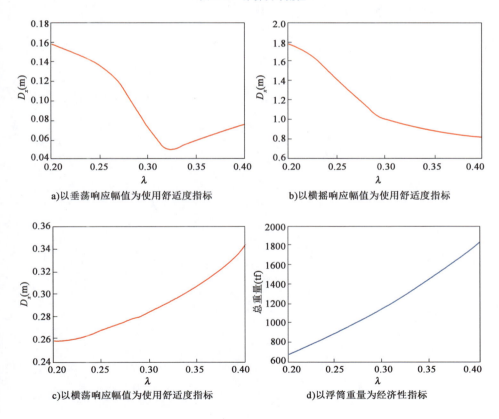

a)以垂荡响应幅值为使用舒适度指标

b)以横摇响应幅值为使用舒适度指标

c)以横荡响应幅值为使用舒适度指标

d)以浮筒重量为经济性指标

图 6-16　多目标优化计算结果

6.5　本章小结

本章把多目标进化算法引入浮桥的优化中,选择分别反映结构舒适性指标和经济性指标的垂荡、横荡和横摇动力响应幅值和用钢量作为优化目标,采用多目标进化算法结合第4章的浮桥动力学模型所获得的第5和第6章的动力响应模拟结果,进行优化计算与分析。采用多目标进化算法优化浮桥的优势有:①能得到Pareto前沿上的一组方案,供工程设计人员比较,而不只是单一方案;②由计算机自动优化,免去了大量的人为判断;③基于群体的搜索方案,不易陷入局部最优。不过需要指出的是,由于浮桥结构体多,同时考虑复杂海洋环境载荷作用,计算工作量异常大,致使目前的优化计算还存在不足。

CHAPTER 7
|第7章|
浮桥设计方法

7.1 概述

本章主要介绍大型浮桥(Large Floating Bridge, LFB)的设计方法。

浮桥设计,依然遵循"安全、耐久、适用、环保、经济、美观"六项原则,应充分结合适用功能、技术标准、建设条件、景观、环保等因素,考虑全寿命周期成本,进行总体设计。

浮桥总体设计应对结构体系、跨径布置、横断面布置、施工方案以及主梁、墩柱、浮体和系泊结构等进行综合比选,还应考虑抗风、抗震、船撞和通航等因素。

从结构类型分析,大型浮桥,既是海洋工程的范畴,又是桥梁工程的范畴,大型浮桥设计与传统桥梁设计的主要区别是在设计时考虑了桥梁在海洋环境作用下的桥梁结构效应,并将环境作用与其他作用(如恒荷载、车辆荷载、温度荷载等)效应综合考虑,进行结构设计。

7.2 设计荷载

7.2.1 波浪荷载

波浪荷载可分为风浪和涌浪两种基本类型,通常采用波浪参数或波浪谱的形式表示。波浪荷载应根据浮桥所在海域(内河/湖)的波高、周期、水深等环境条件确定。通过调查设计水域不同重现期的波浪数据,最终确定设计风浪和涌浪的基本参数。

以挪威 E39 项目为例,图 7-1 统计了项目所在水域 1～10000 年重现期内风浪的谱峰周期 T_p 和有效波高 H_s。图中可见不同重现期内风浪基本参数的分布规律及其回归函数。

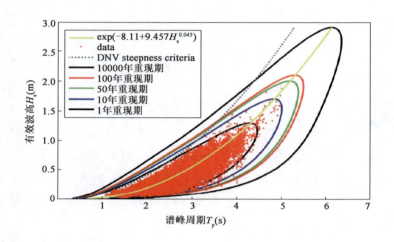

图 7-1　不同重现期的风浪基本参数分布

通过进一步统计波浪参数在 T_p-H_s 构成的二维网格出现的频率,可以得到基于不同重现期下的参数分布特征。图 7-2 展示了 1 月份该水域的风浪参数特征,可见最多有 14.57% 的观测数据介于谱峰周期 1.0～1.5s 之间且有义波高介于 0.0～1.0m 之间。

涌浪的观测数据和分析方法与风浪一致。

确定设计波浪参数(有义波高、谱峰周期、来流方向)后,即可选用如 2.2.3.7 小节所介绍的合适波浪谱作为设计波浪谱进行后续设计。以挪威 E39 项目为例,该项目设计采用 JONSWAP 谱。

根据谱峰周期可以判断设计风浪的 γ 参数介于 1.8～2.3 之间时可以模拟风浪,当 γ 参数介于 3～5 之间时,可以模拟涌浪。

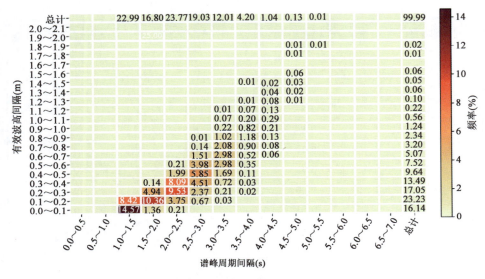

图 7-2　E39 项目所在水域 1 月份风浪基本参数的分布规律

7.2.2　洋流荷载

如 3.2.4 小节所述，洋流荷载应确定所在设计水域在不同重现期下的流速剖面，并作为荷载施加在结构物上。表 7-1 为 E39 项目不同深度下不同重现期的流速统计数据。

不同深度下不同重现期的流速统计数据（E39 项目）（单位：m/s）　表 7-1

深度（m）	10 年重现期	50 年重现期	100 年重现期
1.0	1.50	1.66	1.73
2.0	1.45	1.64	1.72
3.0	1.41	1.61	1.70
4.0	1.37	1.58	1.67
5.0	1.33	1.54	1.63
6.0	1.29	1.51	1.60
7.0	1.24	1.46	1.55
8.0	1.20	1.42	1.50
9.0	1.16	1.37	1.45
10.0	1.13	1.32	1.40

续上表

深度(m)	10年重现期	50年重现期	100年重现期
15.0	1.03	1.21	1.28
20.0	0.96	1.12	1.18
25.0	0.92	1.06	1.12
30.0	0.87	1.00	1.06
35.0	0.84	0.98	1.03
40.0	0.78	0.89	0.94
45.0	0.73	0.84	0.89
50.0	0.70	0.82	0.87
60.0	0.63	0.73	0.78
70.0	0.57	0.66	0.69
80.0	0.54	0.63	0.66
90.0	0.51	0.60	0.65
100.0	0.48	0.57	0.61
125.0	0.45	0.52	0.55
150.0	0.46	0.55	0.59
175.0	0.48	0.59	0.63
200.0	0.40	0.49	0.53
225.0	0.31	0.36	0.39
250.0	0.27	0.32	0.34
300.0	0.30	0.34	0.36

7.3 荷载组合

浮桥设计应采用基于概率的极限状态设计方法，将环境作用作为主要可变荷载参与组合，并规定了特殊的组合系数。本节介绍了基于欧洲标准的考虑环境荷载的荷载组合方法。

7.3.1 环境荷载组

根据欧洲标准及相关设计手册，环境荷载组是包含风、风浪、涌浪、洋流和水位变动等4种可变效应的组合，但不包含温度效应。温度效应应单独与上述

"环境荷载组"进行组合,并考虑 50 年的重现期。

表 7-2 是包含 1~10000 年重现期的环境荷载组的组合。

不同重现期的环境荷载组(单位:a)　　　　　　　表 7-2

重现期(a)	风	波浪		洋流	海平面	
		风浪	涌浪		水位	潮汐
1	1	1	1	1	HAT	1
10	10	10	10	10	HAT	10
100	100	100	100	100	HAT	100
10000	10000	10000	10000	10000	MEAN	10000

注:HAT-最高天文潮;MEAN-平均天文潮。

7.3.2　正常使用极限状态(SLS)

7.3.2.1　标准组合

标准组合应考虑有车和无车两种环境荷载组,其中有车环境荷载组重现期为 1 年,无车环境组重现期为 100 年。

正常使用极限状态标准组合的组合系数见表 7-3。

正常使用极限状态标准组合的组合系数　　　　　表 7-3

控制荷载	恒载组	活载组	温度荷载	环境荷载(有车)	环境荷载(无车)	其他荷载
恒荷载	1.0	1.0	1.0	1.0	1.0	1.0
活荷载	0.7	1.0	0.7	0.7	—	0.7
温度荷载	0.7	0.7	1.0	0.7	0.7	0.7
环境荷载(有车)	0.7	0.7	0.7	1.0	—	0.7
环境荷载(无车)	—	—	—	—	1.0	—
其他荷载	0.7	0.7	0.7	0.7	0.7	1.0

7.3.2.2　频遇组合

频遇组合用于评价通航孔的最小净空、舒适度评价等分析,环境荷载组重现期为 50 年。正常使用极限状态频遇组合的组合系数见表 7-4。

正常使用极限状态频域组合的组合系数　　　　　　　表 7-4

控制荷载	活载组	温度荷载	环境荷载	其他荷载
恒荷载	1.0	1.0	1.0	1.0
活荷载	0.8	0.7	0.7	0.7
温度荷载	0.6	0.8	0.6	0.6
环境荷载(50年重现期)	0.6	0.6	0.8	0.6
其他荷载	0.6	0.6	0.6	0.8

7.3.2.3 准永久组合

正常使用极限状态的准永久组合考虑的环境荷载组重现期为 50 年。当荷载效应为有利时取表中较小值。

正常使用极限状态准永久组合的组合系数见表 7-5。

正常使用极限状态准永久组合的组便系数　　　　　　　表 7-5

控制荷载	活载组	温度荷载	环境荷载	其他荷载
恒荷载	1.0	1.0	1.0	1.0
活荷载	0.2/0.5	0.2/0.5	0.2/0.5	0.2/0.5
温度荷载	0/0.5	0/0.5	0/0.5	0/0.5
环境荷载(50年重现期)	0/0.5	0/0.5	0/0.5	0/0.5
其他荷载	0/0.5	0/0.5	0/0.5	0/0.5

7.3.3 承载能力极限状态(ULS)

承载能力极限状态应同时考虑有车条件下的环境荷载组和无车条件下的环境荷载组，其重现期分别为 1 年和 100 年。

7.3.3.1 EQU 组合

静力平衡极限状态组合(The Ultimate Limit states of Equilibrium)，简称 EQU 组合，组合系数见表 7-6。

承载能力极限状态 EQU 组合的组合系数　　　　表 7-6

控制荷载	恒载组	活载组	温度荷载	环境荷载（有车）	环境荷载（无车）	其他荷载
恒荷载	1.0	1.0	1.0	1.0	1.0	1.0
活荷载	0.7	1.0	0.7	0.7	—	0.7
温度荷载	0.7	0.7	1.0	0.7	0.7	0.7
环境荷载（有车）	0.7	0.7	0.7	1.0	—	0.7
环境荷载（无车）	—	—	—	—	1.0	—
其他荷载	0.7	0.7	0.7	0.7	0.7	1.0

7.3.3.2　STR 组合

结构强度极限状态组合(The Ultimate limit States for Loss of Internal Failure of Structures)，简称 STR 组合，组合系数见表 7-7。

承载能力极限状态 STR 组合的组合系数　　　　表 7-7

控制荷载	恒载组	活载组	温度荷载	环境荷载（有车）	环境荷载（无车）	其他荷载
恒荷载	1.35/1.0	1.2/1.0	1.2/1.0	1.2/1.0	1.2/1.0	1.2/1.0
活荷载	0.95	1.35	0.95	0.95	—	0.95
温度荷载	0.84	0.84	1.2	0.84	0.84	0.84
环境荷载（有车）	1.12	1.12	1.12	1.6	—	1.12
环境荷载（无车）	—	—	—	—	1.6	—
其他荷载	1.05	1.05	1.05	1.05	1.05	1.5

我国《公路桥涵设计通用规范》(JTG D60—2015)中也将环境荷载作为"可变作用"的一部分，但并未特殊规定环境荷载作为主要可变作用时的组合系数，因此当环境荷载为主要可变作用时，组合系数仍为 1.4。

7.4 总体设计与分析计算

大型浮桥系统是一个"环境-浮体"的三相耦合系统,浮体的运动规律符合动力学基本方程。

$$M\ddot{x} + C\dot{x} + Kx = F \tag{7-1}$$

可采用计算流体力学的方法求解上述系统,但是由于 LFB 结构尺寸较大,网格要求较多,直接计算工作量巨大。工程上可行的数值计算方法为基于边界元的数值方法。

对于最主要的静力和水动力分析,可将总体分析流程梳理如图 7-3 所示。

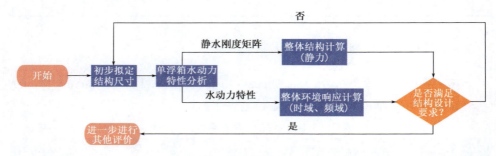

图 7-3 总体分析流程

其中,单浮箱水动力特性分析主要是对自由漂浮的单浮箱进行辐射/绕射水动力计算,输入的主要是浮箱的外轮廓尺寸、吃水深度、重心位置和质量等信息,输出浮体的水动力特性,包含静水刚度矩阵、幅值响应算子(RAO)、漂移力传递函数(QTF)等信息。

整体结构计算为全桥的静力计算。应导入上一步计算的静水刚度矩阵作为墩底边界条件,并按照常规桥梁结构进行静力分析(恒载、活载等)。如进行动力计算,还应导入上一步计算的附加质量矩阵和阻尼矩阵等(仍待研究)。

整体环境响应计算为全桥的水动力计算。应导入上一步计算的单浮箱水动力特性作为浮体的基本属性,并按照全桥结构建立模型。其中梁、柱的质量和刚度等信息通过事先计算确定。整体环境响应计算中还需考虑系泊缆的作用。

分析评价为按照环境荷载控制的极限状态进行结构验算,并初步得到计算结果。

基于上述流程，大型浮桥的数值计算方法需要引入三个数值模型：
(1) 全桥等效静力模型——模型 A。
(2) 单浮体水动力学模型——模型 B。
(3) 全桥水动力学模型——模型 C。

其中模型 A 的作用为开展全桥总体静力计算，并为模型 B 提供浮体约束刚度结果；模型 B 的作用为计算单浮箱的水动力基本特性，为模型 C 提供输入信息；模型 C 为全桥的水动力计算模型。上述三个模型相互之间参数互相耦合，须通过多次相互迭代调用使各项输入条件(如附加刚度、吃水深度等)相匹配。

7.4.1 全桥静力分析

全桥静力分析的主要任务是分析浮桥在常规荷载下的基本响应。

全桥静力分析应采用三维有限元方法，正确模拟浮桥上部与下部结构的材料、截面特性、连接关系和边界条件等，并施加常规桥梁的恒荷载和可变荷载(等效静力荷载，如温度荷载等)。

全桥静力分析的关键问题是正确模拟浮桥水环境的边界。浮桥墩底边界为"浮箱－水"的静水刚度边界，可采用外加刚度矩阵方式进行模拟。当浮箱存在系泊系统约束时，还应额外考虑系泊系统的外加刚度条件。无论是静水刚度边界还是考虑系泊系统的"静水＋附加"刚度边界，均须通过下节所述的"浮箱水动力分析"求得。

由于"浮箱－水"的附加质量、附加阻尼均与波浪荷载的频率相关，因此全桥静力分析中无法考虑动力效应，凡是与质量和阻尼相关的计算(如模态、屈曲等)，均无法在全桥静力分析中进行。

7.4.2 浮箱水动力分析

浮箱水动力分析的主要任务是求解单个浮箱(体)的基本水动力参数。

浮箱水动力分析应采用边界元方法，正确模拟浮体的设计吃水深度、质量特性、惯量特性、轮廓尺寸等。初步设计时应根据已有经验确定"重浮比 λ"，进而设计浮箱总体尺寸和吃水深度，并通过 CAD 等方法初步估算浮箱的重心位置、回转半径、吃水面惯性矩等基本几何信息和质量特性，并精确建模。

由于浮箱通常是 1/2 对称结构或 1/4 对称结构，分析时还应充分利用结构对称性,提高计算精度和效率。

单浮箱的水动力分析结果是全桥的静、动力分析的基础。浮箱的水动力特性,如荷载幅值响应算子和变形响应算子(RAOs)等将直接作为全桥动力分析的输入条件;而浮箱的静水刚度矩阵和附加刚度矩阵则将直接作为全桥静力分析的边界条件。

7.4.3 全桥水动力分析

全桥水动力分析的主要任务是求解总体模型的环境荷载响应。

全桥水动力分析应采用基于边界元方法的海工分析软件。全桥水动力分析应正确建立全桥的上部与下部结构和浮体、系泊系统等。上下部结构应能考虑梁柱的刚度、质量和连接关系;浮体应作为漂浮物建模,并能与墩柱正确连接;系泊系统应考虑设计的系泊位置、系泊缆材料特性等。

全桥水动力分析应在结构物施加正确的环境荷载,包括波浪荷载、涌浪荷载、洋流荷载和风荷载,并按照相应的极限状态和荷载组合计算荷载的环境组合效应。

7.5 耐久性设计

对于跨海峡或峡湾浮桥,浮桥处于海洋环境中,然而海洋环境是一个复杂的腐蚀环境,在这种环境中没有经过保护的混凝土构件和金属构件很容易发生腐蚀,使材料强度降低,使用寿命缩短。因此在海洋环境中修建浮桥需要重视材料耐久性设计。

7.5.1 混凝土材料耐久性设计

浮桥的浮箱、桥墩和主梁均可能采用混凝土材料,尤其是混凝土浮箱,直接与海水接触,更容易受到海水腐蚀。海水中的氯离子可以通过混凝土的缺陷渗透到混凝土中,并接触到钢筋,氯离子会使钢筋活化,发生膨胀性腐蚀,最终降低混凝土的耐久性,影响其寿命。此外,海水中的硫酸盐离子与混凝土水化物反应生成石膏和钙矾石等物质,在混凝土内部产生膨胀应力,镁离子的侵入使得混凝土的pH值降低,引起脱钙反应。

海洋环境浮桥使用的混凝土材料可使用海工高性能混凝土。海工高性能混凝土的主要技术特点是具备高的抗海水侵蚀性能,其用于浮桥构件中,除了强度和拌合物的和易性满足设计、施工要求外,还必须具备抗渗性、抗冻性、抗蚀性、防止钢筋锈蚀和抵抗冰凌撞击的性能。相关文献资料表明,掺粉煤灰、矿渣粉及硅粉等活性矿物掺合料,能够显著提高混凝土的抗氯离子渗透性,因此,除采用适当较低的水灰比之外,掺粉煤灰、矿渣粉等活性矿物掺合料是配制海工高性能混凝土的最基本技术手段。

除了从材料层面提高海工混凝土的耐久性之外,还应从构造层面如控制混凝土的保护层厚度来提高其耐久性。海洋环境浮桥混凝土构件面临的环境更加恶劣,混凝土保护层厚度的设计应特殊考虑。《公路钢筋混凝土及预应力混凝土桥涵设计规范》(JTG 3362—2018)中,针对不同的环境类别,推荐采用不同的最小保护层厚度。其中永久浸没于海水中的构件及近海构件,浮箱浸没于水中部分以及主梁和桥墩属于三类环境条件,浮箱浪溅区和水位变化区(潮汐区)可归为磨蚀环境条件。《水运工程结构防腐蚀施工规范》(JTS/T 209—2020)中,将近海或海洋环境分为水下区、潮汐区、浪溅区和大气区,对处于不同地区和位置的混凝土构件保护层最小厚度建议按表7-8取用。

钢筋混凝土保护层最小厚度(单位:mm)　　　　表7-8

构件类型	建筑物所处地区	大气区	浪溅区	水位变动区	水下区
钢筋混凝土	北方	50	50	50	30
	南方	50	65	50	30
预应力混凝土		75	90	75	75

E39浮桥概念设计方案中曾考虑过采用混凝土浮箱,参考欧洲规范和标准对混凝土保护层进行规定。最小保护层厚度按照表7-9取用。

E39推荐采用钢筋混凝土浮箱混凝土保护层最小厚度　　　　表7-9

浮箱部位	表面位置	最小厚度(mm)
浮箱浪溅区	外表面	130
	内表面	85
浮箱浸没区	外表面	85
	内表面	85

对于钢筋混凝土浮箱 E39 浮桥推荐采用混凝土保护层厚度高于国内海工规范。综合考虑国内外规范及相关工程经验,现阶段混凝土浮箱最小保护层厚度的推荐值,对于浮箱浪溅区外表面取 130mm,对于浪溅区内表面、浮箱浸没区、潮汐区统一取 85mm,对于大气区如混凝土桥墩和主梁及浮箱上部最小保护层厚度取 50mm,见表 7-10。这里推荐的混凝土保护层厚度是针对浮桥主梁、桥墩和浮箱可能采用混凝土材料的情况,当采用钢构件时则不存在这一情况。

方案设计推荐混凝土保护层最小厚度取值　　表 7-10

构件部位	所处环境	表面位置	最小厚度(mm)
浮箱	浪溅区	外表面	130
		内表面	85
	浸没区	内外表面	85
	潮汐区	内外表面	85
	大气区	内外表面	50
桥墩	大气区	内外表面	50
主梁	大气区	内外表面	50

对于钢筋混凝土裂缝宽度限值,《公路钢筋混凝土及预应力混凝土桥涵设计规范》(JTG 3362—2018)规定,在作用频遇组合并考虑长期效应影响时,钢筋混凝土最大裂缝宽度对于三类近海或海洋氯化物环境应不大于 0.15mm,对于七类磨蚀环境不大于 0.2mm。在《水运工程结构防腐蚀施工规范》(JTS/T 209—2020)中,钢筋混凝土在准永久组合下,四种不同混凝土部位最大裂缝宽度限值按表 7-11 取用。

钢筋混凝土构件最大裂缝宽度限值(单位:mm)　　表 7-11

构件类型	大气区	浪溅区	水位变动区	水下区
钢筋混凝土	0.2	0.2	0.25	0.3

欧洲标准(Eurocode)规定,对海洋环境条件(XS1、XS2、XS3)钢筋混凝土最大裂缝宽度限值统一取 0.3mm。对于海洋环境中混凝土构件,在正常使用状态下当裂缝宽度过大时混凝土内钢筋更容易受到海水侵蚀,所以对其裂缝宽度的限值应比常规构件要更加严格。方案设计推荐采用的钢筋混凝土构件最大裂缝宽度限值见表 7-12。

方案设计推荐钢筋混凝土构件最大裂缝宽度限值   表7-12

构件部位	所处环境	最小厚度(mm)
浮箱	浪溅区	0.15
	浸没区	0.15
	潮汐区	0.15
	大气区	0.2
桥墩	大气区	0.2
主梁	大气区	0.2

7.5.2 钢构件耐久性设计

钢构件的防腐，应在其设计使用年限内从材料选择、防腐保护等各方面措施保证其满足耐久性要求。钢构件的防腐有各种措施，防腐措施的选择应综合考虑抗腐蚀性能、经济性、施工等各方面的因素，在不同的暴露环境下应采用适当的防腐措施。对于浮桥，根据暴露于腐蚀环境的恶劣程度不同将其划分为以下几个暴露环境：

（1）上部结构的外表面，包括浮箱浪溅区以上部分以及上面的桥墩和主梁。

（2）浮箱浪溅区，此处腐蚀环境最为恶劣。

（3）浮箱浸没部分的外表面。

（4）浮箱的内部压载水舱。

（5）浸没于水中的系泊。

（6）构件中空内表面。

钢构件防腐一般采用的方法有以下几种：

（1）选用耐腐蚀材料，如不锈钢、耐候钢。

（2）通过除湿等措施降低环境的腐蚀性。

（3）在腐蚀性环境与钢构件之间引入屏障隔离腐蚀性环境，如涂层防护。

（4）通过阴极保护使钢材免受腐蚀，如牺牲阳极的阴极保护法、外加电流的阴极保护法。

（5）结构设计中考虑设计使用年限内一定腐蚀裕量。

耐腐蚀材料理论上可用于所有构件，但考虑到经济性要求，只在腐蚀环境恶劣以及难以进行后期维护的位置使用耐腐蚀性材料。对于浮桥，可只在浮箱的浪溅区使用耐腐蚀材料。对于中空的舱室,可通过降低空气相对湿度来控制腐蚀。当空气相对湿度低于60%时腐蚀性将大大降低,当空气相对湿度低于40%时可认为不发生腐蚀。对于一般钢构件使用涂层防腐是最常用的方式,对于浸没在海水中的钢构件,涂层防腐经常和阴极保护一起使用。对于浸没在海水中的钢构件一般都要使用阴极保护的防腐措施,阴极保护防腐措施一般包括牺牲阳极的阴极保护法和外加电流的阴极保护法。系泊整体浸没在海水中,包括上锚链、系泊缆和上锚链,对于系泊缆可通过外加保护套防腐,而对于锚链可通过在设计时给予腐蚀裕量来防腐。所谓腐蚀裕量,是指考虑材料在使用期内受到接触介质腐蚀而预先增加的厚度富余量,锚链的腐蚀裕量一般为0.2mm/a,具体腐蚀速率可参见相关规范。以上各种措施一般都是组合使用以提高防腐性能。

以E39项目为例,各构件可采用的抵抗钢构件腐蚀的措施见表7-13。对于不同的构件或部位其涂层方式是不同的,表7-13中的涂层体系参考挪威规范NORSOK M-501《表面处理和防护涂层》(Surface Preparation and Protective Coating)。

海洋环境中浮桥各构件防腐措施(E39) 表7-13

构件或部位	材料选择	防腐措施
上部结构外表面,浪溅区以上部分浮箱,桥墩,主梁	普通结构钢	涂层体系2
浮箱的浪溅区	双相不锈钢	涂层体系7B+阴极保护
浮箱的浸没区	普通结构钢	涂层体系7B+阴极保护
压载水舱,主动舱	普通结构钢	涂层体系7B+阴极保护
压载水舱,被动舱	普通结构钢	涂层体系1
中空内表面(有除湿)	普通结构钢	涂层体系3G
中空内表面(无除湿)	普通结构钢	涂层体系1
上锚链和下锚链	R4系泊链钢	设置腐蚀裕量
系泊缆	涂层钢丝绳	HDPE护套防腐

7.5.2.1 海洋环境中浮桥各构件防腐措施

海洋环境浮桥钢构件耐久性设计，在材料层面上应综合考虑耐久性、经济、施工、后期维护等方面选用不同的钢材。同样参考 E39 项目，浮箱浪溅区是腐蚀环境最为恶劣的位置，推荐采用双相不锈钢，其他位置钢材可使用结构钢。基于欧洲标准的浮桥设计推荐结构钢使用 S420N/NL 钢，欧洲标准 EN 10025-3 可焊接细晶粒正火热轧结构钢交货技术条件中对其技术标准和交货条件进行了规定，其中 420 代表屈服强度 420MPa，N 代表 V 形缺口夏氏冲击试验温度不低于 $-20°C$，NL 代表 V 形缺口夏氏冲击试验温度不低于 $-50°C$。在浪溅区推荐用 25CR 双相不锈钢，不锈钢的结构设计参考欧洲标准 EN 1993-1-4：不锈钢的补充规定，其中 25 代表铬的含量。

7.5.2.2 浮箱浪溅区耐久性设计

浪溅区是指浮箱持续淹没区之上的一部分区域，浪溅区高度的确定需要综合考虑以下各因素的影响：

(1) 浪花飞溅高度。
(2) 在准永久组合条件下交通荷载的影响。
(3) 在浪溅保护区和海洋环境涂层区之间增加 30cm 的过渡区。
(4) 当系泊刚度对浮箱有影响时需考虑系泊刚度。

浪溅区因为存在持续湿润、浪花和冰磨耗以及附生海洋生物等各方面的影响，浮箱浪溅区的腐蚀环境非常恶劣，因此该处后期维护不能完全依靠涂层防腐，也不能完全依赖阴极保护措施。一种比较可靠的解决方案是在该处使用双相不锈钢，采用不锈钢的范围应使不锈钢与结构钢之间的焊缝在浪溅区之外。

不锈钢和结构钢焊接区域存在两种不同的金属，二者之间可能会形成电位差从而导致电偶腐蚀。电偶腐蚀又叫接触腐蚀，是指两种不同的金属相互接触而同时处于电解质中所产生的电化学腐蚀，在电解质中二者构成自发电池，故受腐蚀的是较活泼的及作为阳极的金属。为了避免电偶腐蚀，焊接区域以及不锈钢上至少 50mm 宽的区域内应具有完整的涂层体系并光滑过渡到未涂层表面。图 7-4 是不锈钢和结构钢焊缝位置的涂层体系及过渡设计。

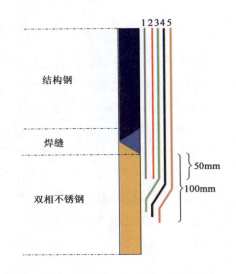

图7-4 焊缝位置涂层体系及过渡设计
1-热喷锌；2-封闭层；3-中间涂层；4-中间涂层；5-面层

7.6 行车舒适性评价

对于浮桥而言，它与常规固定式桥梁最大的不同在于浮桥的桥梁结构漂浮于水体之上，桥梁行车舒适性受到环境效应的影响较大，需要重点考虑浮桥的行车舒适性。国内外用于评价人体暴露于全身振动和反复冲击环境下的规范和程序有很多，但人体对车辆行驶中振动的耐受性难以评估，因此尚未有在世界范围内被一致接受的针对乘坐舒适性的评价标准。

国际标准组织(ISO)发布的法规是当前驾驶舒适性评估实践中最流行的标准之一。其最新版本(ISO 2631-1:1997)是对之前的1985年版本(ISO 2631-1:1985)的更新，是唯一用于评估全身振动的国际标准，可用于评估健康、舒适、感知和晕车。本节采用全身振动测量(ISO 2631-1:1997)方法进行浮桥的舒适性评价，并在以下部分提供简要总结。

7.6.1 振动的测量

ISO 2631-1:1997用于评估通过支撑表面传递到整个人体的运动。例如，对于坐着的人,三个支撑面为支撑人的臀部、背部和脚部的座椅,靠背和地板;对于站立的人,支撑面仅为支撑人脚的地板;对于仰卧的人,支撑面只包括人的侧面支撑区域。本书采用坐姿,通过考虑所有三个支撑面来研究驾驶员的舒适度。该标准通过 12 个轴测量就座者的身体振动,以进行基于坐姿人体的舒适度分析,如图 7-5 所示。

根据人体支撑面的不同和自由度的不同,坐姿人体的舒适度方向共计 12 个,其中对于浮桥结构而言,应考虑其中的 8 个组合,见表 7-14。

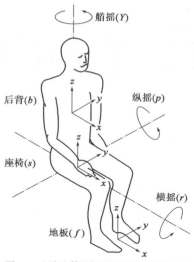

图7-5 坐姿人体的舒适性评价考虑的方向

坐姿人体舒适度评价考虑的自由度 表 7-14

支撑面	垂荡(v)	横荡(l)	纵摇(p)	横摇(r)
地板(f)	√	√	×	×
座椅(s)	√	√	√	√
后背(b)	√	√	×	×

7.6.2 频率权重系数和多自由度组合系数

人体对不同频率的振动舒适性感受也不同,规范推荐采用考虑频率加权系数的均方根值代表该自由度的加速度代表值 a_w,计算方法如下:

$$a_w = \left[\sum (W_i a_i)^2 \right]^{\frac{1}{2}} \tag{7-2}$$

式中,W_i 为第 i 个 1/3 倍频的权重系数,见表 7-15;a_i 为第 i 个 1/3 倍频的均方根加速度值。

频率加权系数 表 7-15

频带编号 x	频率 f(Hz)	w_k 因子 (×1000)	w_k(dB)	w_d 因子 (×1000)	w_d(dB)	w_f 因子 (×1000)	w_f(dB)
−17	0.02					24.2	−32.33
−16	0.025					37.7	−28.48
−15	0.0315					59.7	−24.47

续上表

频带编号 x	频率 $f(Hz)$	w_k 因子 (×1000)	$w_k(dB)$	w_d 因子 (×1000)	$w_d(dB)$	w_f 因子 (×1000)	$w_f(dB)$
-14	0.04					97.1	-20.25
-13	0.05					157	-16.10
-12	0.063					267	-11.49
-11	0.08					461	-6.73
-10	0.1	31.2	-30.11	62.4	-24.09	695	-3.16
-9	0.125	48.6	-26.26	97.3	-20.24	895	-0.96
-8	0.16	79.0	-22.05	158	-16.01	1006	0.05
-7	0.2	121	-18.33	243	-12.28	992	-0.07
-6	0.25	182	-14.81	365	-8.75	854	-1.37
-5	0.315	263	-11.60	530	-5.52	619	-4.17
-4	0.4	352	-9.07	713	-2.94	384	-8.31
-3	0.5	418	-7.57	853	-1.38	224	-13.00
-2	0.63	459	-6.77	944	-0.50	116	-18.69
-1	0.8	477	-6.43	992	-0.07	53.0	-25.51
0	1	482	-6.33	1011	0.10	23.5	-32.57
1	1.25	484	-6.29	1008	0.07	9.98	-40.02
2	1.6	494	-6.12	968	-0.28	3.77	-48.47
3	2	531	-5.49	890	-1.01	1.55	-56.19
4	2.5	631	-4.01	776	-2.20	0.64	-63.93
5	3.15	804	-1.90	642	-3.85	0.25	-71.96
6	4	967	-0.29	512	-5.82	0.097	-80.26
7	5	1039	0.33	409	-7.76		
8	6.3	1054	0.46	323	-9.81		
9	8	1036	0.31	253	-11.93		
10	10	988	0.10	212	-13.91		
11	12.5	902	0.89	161	-15.87		

续上表

频带编号 x	频率 f(Hz)	w_k 因子 (×1000)	w_k(dB)	w_d 因子 (×1000)	w_d(dB)	w_f 因子 (×1000)	w_f(dB)
12	16	768	−2.28	125	−18.03		
13	20	636	−3.93	100	−19.99		
14	25	513	−5.80	80.0	−21.94		
15	31.5	405	−7.86	63.2	−23.98		
16	40	314	−10.05	49.4	−26.13		
17	50	246	−12.19	38.8	−28.22		
18	63	186	−14.61	29.5	−30.60		
19	80	132	−17.56	21.1	−33.53		
20	100	88.7	−21.04	14.1	−36.99		
21	125	54.0	−25.35	8.63	−41.28		
22	160	28.5	−30.91	4.55	−46.84		
23	200	15.2	−36.38	2.43	−52.30		
24	250	7.90	−42.04	1.26	−57.97		
25	315	3.98	−48.00	0.64	−63.92		
26	400	1.95	−54.20	0.31	−70.12		

注:指标 x 是根据 IEC1260 的频带编号。

当考虑多个方向震动耦合时,加权后的均方根加速度总值 a_v 为:

$$a_v = (k_x^2 a_{wx}^2 + k_y^2 a_{wy}^2 + k_z^2 a_{wz}^2)^{\frac{1}{2}} \tag{7-3}$$

式中,k_x、k_y 和 k_z 分别为各自方向的组合系数,根据人体姿势不同而不同。

7.6.3 舒适性指标

加权后的均方根加速度总值 a_v 可以作为舒适度的判断指标。在国际标准 ISO 2631 的附录 C 中给出了参考的舒适度标准,见表 7-16。对于作为永久结构的大型浮桥,应将加速度总值控制在 0.315m/s^2 以内,以保证舒适性。

舒适度评价标准　　　　　　　　　表 7-16

加速度总值 a_v (m/s^2)	舒适度
<0.315	无不舒适
0.315~0.63	轻微不舒适
0.5~1.0	比较不舒适
0.8~1.6	不舒适
1.25~2.5	非常不舒适
>2.0	极不舒适

7.7　本章小结

本章主要介绍了浮桥的设计方法。浮桥作为一种特殊的桥梁工程,其基本设计原则与常规桥梁一致,同时作为一种特殊的海洋工程,也需要遵循海洋工程的一般设计原则。"安全、耐久、适用、环保、经济和美观"六项原则依然适用于浮桥的设计。浮桥的设计应结合适用功能、技术标准、建设条件、景观、环保等因素,考虑全寿命周期成本,进行总体设计。

浮桥总体设计应对结构体系、跨径布置、横断面布置、施工方案以及主梁、墩柱、浮体和系泊结构等进行综合比选,还应考虑抗风、抗震、船撞和通航等因素。

浮桥通常应考虑常规桥梁荷载以及环境荷载,且应着重考虑当环境荷载作为主导可变作用时的荷载组合。欧洲标准特别是挪威国家附录给出的环境荷载组合系数较高,我国规范的环境荷载组合系数较低。

工程应用下的浮桥计算应采用基于边界元的数值方法。浮桥计算不同于一般桥梁结构分析计算,应建立至少三个分析模型,即全桥静力模型、单浮体水动力模型、总体水动力模型。三者互为输入输出条件,计算参数具有较强的耦合性,并需考虑迭代计算。计算流体力学(CFD)的计算方法应在局部分析或大海况条件下作为补充方法。

对处于海洋环境中的浮桥,应分别对混凝土结构和钢结构及构件进行耐久性设计。浮桥混凝土构件尤其是混凝土浮箱,推荐采用海工混凝土,严格控制其最小混凝土保护层厚度和最大裂缝宽度,这方面可以参考国内海工相关规范及欧洲标准和工程经验。对钢构件的防腐,应综合考虑耐久性、经济性、施工方面及后期维护等各因素,采用适宜的防腐措施,如采用耐腐蚀材料(不锈钢、耐候钢)、内部除湿、涂层防腐、阴极保护、设置腐蚀裕量,实际中一般采用多种防腐措施的组合,以提高防腐能力和效率。

浮桥舒适性评价是区别于常规桥梁的重要内容。公路浮桥的行车舒适性可以借鉴国际通行的基于总体加速度总值的舒适性评价标准,采用使用极限状态的频遇组合进行舒适性分析和评价。

CHAPTER 8
第 8 章
浮桥适用性研究

8.1 概述

浮桥是一种特殊的桥梁结构形式,相较于传统的固定式桥梁,浮桥主要靠水的浮力承受桥梁的竖向作用力,靠端部约束或水中系泊来承受风浪的横向作用力。作为浮桥的主要受力构件,浮体和系泊的作用对于浮桥不同极限状态下的影响至关重要,浮体和系泊的设计受环境条件影响大,不同水深和风浪条件下的浮桥结构形式是截然不同的。

由于现有国内外已建浮桥数量有限,相关造价信息严重不足,这里的适用性研究暂不考虑浮桥桥型与常规固定式桥型(如梁桥、斜拉桥、悬索桥等)的对比。由于常规桥梁基础形式的限制,固定式桥梁普遍对水深有一定要求,超过一定水深后的经济性较差,这也是挪威浮桥案例较多的原因,因为峡湾的水深普遍在百米以上,常规的桥梁水中基础技术难度和施工风险巨大,已完全不具可行性,因此浮式结构是唯一的选择方式。

本章在梳理国内外浮桥设计和应用经验的基础上,重点研究不同浮桥结构形式与不同建设条件的适用性问题,对浮桥设计方案比选进行模糊综合评判,给出浮桥设计方案的层次结构模型,计算影响因素权重,给出浮桥设计方案评判集,给出针对一类、二类和三类建设环境条件的模糊综合评价表,进而给出不同建设条件浮桥方案适用分析表。

8.2 浮桥建设条件

一般地,对于常规桥梁,其建设条件包括桥梁所在位置的地形地貌、气候气象、水文、工程地质、建筑材料和运输安装条件等,建设条件对于桥梁方案的选择至关重要。在方案设计阶段,在满足"安全、耐久、适用、环保、经济和美观"六项原则下,选取与建设条件最为适宜的方案是方案设计阶段最直接的目标。

从建设条件的角度,浮桥与常规桥梁截然不同,其主要特点体现在:

(1) 除桥台与地形有一定关系,主体结构均位于水中,地形地貌的影响主要体现为水底/海底地形地貌。

(2) 水深为一个关键参数,浮桥方案的经济性和可实施性受水深影响显著。

(3) 受环境作用影响显著,尤其是风、浪、流等的耦合作用,对应常规建设条件中的气候气象和水位。

(4) 工程地质对浮桥的影响主要体现在对于水中锚固系统和桥台处相关结构物的影响。

(5) 不管是何种浮箱、墩身和主梁结构,基本均为预制结构,桥位现场施工主要是水中和岸边的锚固系统。

(6) 由于是预制结构,主体结构基本都在预制场/船坞内施工,受当地建筑材料的影响较小,但对运输安装条件要求较高,构件的运输和安装能力对结构方案有决定性作用。

为便于浮桥结构方案选型和方案拟定,在已经梳理的多个国内外浮桥案例基础上,根据浮桥的应用场景,将浮桥的建设条件进行归纳,见表8-1。

桥梁建设条件分类表　　　　　　　　　　　　　　　表 8-1

分类		适用建设条件概括			
编号	名称	地形地貌	环境条件	工程地质	建筑材料和运输安装条件
一类	内陆河流/湖泊	平均水深≥2m	一类环境	地震危害小	运输条件好,装备可达
二类	内陆河流/湖泊	平均水深≥30m	二类环境	地震危害小	运输条件好,装备可达
三类	海峡浮桥	平均水深≥100m	三类环境	地震、海啸和火山喷发等危害小	海工装备要求最高

由于浮桥结构的特殊性,将气候气象和水文条件统称为环境条件,对应的每一项影响参数称为环境变量。对于以上不同等级的建设条件,其环境条件可更进一步细化,见表8-2。

环境要素分类表　　　　　　　　　　　　　　　　　　　　　　表8-2

环境条件分类	环境条件与环境变量(100年重现期)						
	波高 H_s（m）	周期 T_p（s）	波向（°）	基本风速 v_{10}（m/s）	风向	流速 v（m/s）	流向（°）
一类环境	0~0.5	1~3	±90	30	±90	≤1.5	±90
二类环境	0~0.5	1~3	±90 / ±45	30	±90 / ±45	≤1.5	±90 / ±45
三类环境	0.5~2.5	4~15	±90 / ±45	45	±90 / ±45	≤2.5	±90 / ±45

注:1.所有方向与沿桥轴向为0°,横向为90°。
2.太湖,波高0.15~0.25m,周期2~2.5s,风速4~8m/s(实际监测数据)(陶蓉茵.不同风场条件下太湖波浪数值模拟的研究及其应用[D].南京:南京信息工程大学,2012.)。
3.洪泽湖,波高0.5~0.8m,周期2.04~2.46s,风速8~20.7m/s(100年一遇重现期数据)(陈德春,何蘅.洪泽湖区(淮安市)航运安全综合保障体系研究[J].水运工程,2009(3):116-121.)。
4.河流一般的设计要素为流量,很少有设计流速的,这是根据以前计算结果估计的。
5.天津港,波高0.7~2m,周期<7s,0.66~0.94m/s(实际监测数据)(赵帅.天津港防波堤延伸工程操船安全评估[D].大连:大连海事大学,2011.)。
6.舟山港,流速1.39~2.54m/s,风速14.7~44.7m/s(实际监测数据)(王相会.舟山港新建大型无动力散货码头系泊防台安全研究[D].大连:大连海事大学,2015.)。
7.海峡根据海洋监测数据来选择,周期则选了一个较大的范围。

8.3　浮桥设计方案比选的模糊综合评判

8.3.1　划分层次结构

从浮桥相较于传统桩基础桥梁的优势与要求出发,确定划分层次结构的基本原则和内容。相较于传统桩基础式跨海桥梁,浮桥具有以下优势:受水深影响小,使桥梁跨越宽广深邃峡湾成为可能;受河床、海床土质影响小;建设周期短;建设成本低;对工程周围生态环境影响小。

同时，浮桥相较于传统桥梁对其各方面提出了很多设计要求：设计浮桥时应当使结构自振频率尽量避免环境要素频率(海浪、风、地震等)，避免共振；在大海况条件下，要有足够的生存能力；成本较传统桥梁要低；易于监控和维护；由于通车的缘故，浮体桥梁结构的振动位移要控制在一定的范围之内。

结合传统桥梁评价的要素，即安全性、适用性、耐久性、经济性、环保影响以及建筑美学等方面，将浮桥设计方案优选的主要影响因素分为安全适用、经济成本、施工便利、环境影响4个大类因素及9个小类影响因素，构成两个层次结构体系(图8-1)。

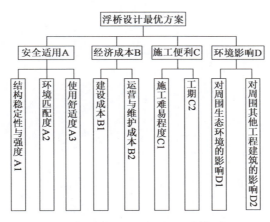

图8-1 浮桥设计方案选型的层次结构模型

8.3.2 影响因素权重计算

针对某一特定条件下的工程项目，影响因素权重计算结果会有所不同。例如，使用年限较长的、地理水文条件较差区域建设的浮桥，质量安全要素更加重要；某些生态保护区、珍稀动植物栖息地等地区建设的浮桥，环境影响要素更加重要；广阔、深邃的峡湾桩基础传统桥梁的建设施工难度更大，施工便利要素就显得更加重要。因此，不同的工程项目的影响因素权重需要具体确定。

本书以拟定的三类桥梁建设条件的桥梁工程为研究对象，匹配比选建设方案。根据浮桥设计方案选型的层次结构模型，对4个大类因素，及9个小类影响因素进行权重划分，采用两两对比的评判方法对这些因素进行9个等级的标度打分。

首先，对 4 个大类因素进行比较，显然，安全适用是 4 个大类因素中最重要也是桥梁选型的决定性因素；经济成本则是仅次于安全适用的重要因素；一般情况下，施工方便需要在经济成本允许的前提下进行，所以经济成本的重要程度大于施工便利；最后，在生态文明建设的背景下，需要考虑桥梁工程建设的环境影响。将 4 个大类因素两两比较的重要程度进行量化，量化结果见表 8-3。

准则层重要程度对比表　　　　　　　表 8-3

因素	安全适用 A	经济成本 B	施工便利 C	环境影响 D
安全适用 A	1	3	4	6
经济成本 B	1/3	1	2	3
施工便利 C	1/4	1/2	1	2
环境影响 D	1/6	1/3	1/2	1

则目标层到准则层的判断矩阵 R 为：

$$R = \begin{bmatrix} 1 & 3 & 4 & 6 \\ 1/3 & 1 & 2 & 3 \\ 1/4 & 1/2 & 1 & 2 \\ 1/6 & 1/3 & 1/2 & 1 \end{bmatrix}$$

根据层次单排序和一致性检验的相关公式，可以求出各权重并进行一致性检验，结果见表 8-4。

准则层权重计算表　　　　　　　表 8-4

因素	安全适用 A	经济成本 B	施工便利 C	环境影响 D	m_i	$\overline{w_i}$	w_i
安全适用 A	1	3	4	6	72	2.913	0.558
经济成本 B	1/3	1	2	3	2	1.189	0.228
施工便利 C	1/4	1/2	1	2	0.25	0.707	0.136
环境影响 D	1/6	1/3	1/2	1	0.0278	0.408	0.078
$\lambda_{max} = 4.031, CI = 0.01033, RI = 0.90, CR = 0.0115 < 0.1$，满足一致性							

准则层的 4 个大类因素的权重集为：

$$w_0 = [0.558, 0.228, 0.136, 0.078]$$

然后对每个大类因素下，次准则层重要程度进行对比和权重计算，计算结果见表 8-5 ~ 表 8-12。

次准则层 A1～A3 重要程度　　　　　　　　　　　表 8-5

因素	结构稳定性和强度 A1	环境匹配度 A2	使用舒适度 A3
结构稳定性和强度 A1	1	2	3
环境匹配度 A2	1/2	1	2
使用舒适度 A3	1/3	1/12	1

次准则层 A1～A3 权重计算表　　　　　　　　　　表 8-6

因素	A1	A2	A3	m_i	$\overline{w_i}$	w_i
A1	1	2	3	6	1.817	0.540
A2	1/2	1	2	1	1	0.297
A3	1/3	1/2	1	0.1667	0.550	0.163
$\lambda_{\max}=3.01, CI=0.005, RI=0.58, CR=0.0086<0.1$，满足一致性						

次准则层 B1～B2 重要程度　　　　　　　　　　　表 8-7

因素	建设成本 B1	运营与维护成本 B2
建设成本 B1	1	3
运营与维护成本 B2	1/3	1

次准则层 B1～B2 权重计算表　　　　　　　　　　表 8-8

因素	B1	B2	m_i	$\overline{w_i}$	w_i
B1	1	3	3	1.732	0.750
B2	1/3	1	0.3333	0.577	0.250
$\lambda_{\max}=2, CI=0, RI=0, CR=0<0.1$，满足一致性					

次准则层 C1～C2 重要程度　　　　　　　　　　　表 8-9

因素	施工难易程度 C1	工期 C2
施工难易程度 C1	1	2
工期 C2	1/2	1

次准则层 C1～C2 权重计算表　　　　　　　　　　表 8-10

因素	C1	C2	m_i	$\overline{w_i}$	w_i
C1	1	2	2	1.414	0.667
C2	1/2	1	0.5	0.707	0.333
$\lambda_{\max}=2, CI=0, RI=0, CR=0<0.1$，满足一致性					

次准则层 D1 ~ D2 重要程度　　　　　　　　　　　表 8-11

因素	生态环境影响 D1	其他工程建筑影响 D2
生态环境影响 D1	1	1
其他工程建筑影响 D2	1	1

次准则层 D1 ~ D2 权重计算表　　　　　　　　　　表 8-12

因素	D1	D2	m_i	$\overline{w_i}$	w_i
D1	1	1	1	1	0.500
D2	1	1	1	1	0.500
$\lambda_{max}=2$,CI$=0$,RI$=0$,CR$=0<0.1$,满足一致性					

由上述计算表可知,4 个大类因素下的各次准则层的权重集分别为:

$$w_1 = [0.540, 0.297, 0.163]$$
$$w_2 = [0.750, 0.250]$$
$$w_2 = [0.667, 0.333]$$
$$w_2 = [0.500, 0.500]$$

进行层次总排序的一致性检验,计算公式为:

$$\text{CR} = \frac{\sum_{i=1}^{4} w_{0i}\text{CI}_i}{\sum_{i=1}^{4} w_{0i}\text{RI}_i} = \frac{0.005}{0.580} = 0.0086 < 0.1$$

符合一致性要求。

所有影响的因素的权重分析均通过一致性检验,结果合理,符合要求。需要说明的是,本书是以拟定的三类桥梁建设条件的桥梁工程为研究对象,当研究对象具体化为某一特定的工程建设项目时,可以根据不同的建设条件、要求与目的,更改因素的重要性评价,规则不变。

8.3.3　浮桥设计方案评判集

首先,将各因素分为优、良、中、差四个评价等级,对应 4、3、2、1 共 4 个分数等级,构造评语集 $U = \{优,良,中,差\}$,对应评估等级矩阵 $V = \{4,3,2,1\}$。三种浮桥设计方案所构成评判集 $S = \{S1, S2, S3\}$。三种浮桥设计方案是基于国内外浮桥建设案例、设计案例的归纳总结,见表 8-13。

浮桥设计方案评判集　　　　　　　　　　表 8-13

方案	桥型设计方案
S1	水中设墩常规桥梁
S2	直线布置,采用钢质承压舟,多浮体铰接固结,水中多点系泊
S3	直线布置,采用混凝土连续式浮箱,主梁采用常规小跨径梁桥,水中多点系泊
S4	曲线布置,采用离散式浮箱,采用钢质/混凝土浮箱(轻质混凝土),主梁跨径大,采用钢箱梁/钢桁梁,采用水中多点系泊和端部锚固

8.3.4　针对一类建设环境条件的模糊综合评价

一类建设环境条件主要指的是在内陆河流或湖泊,平均水深在几米左右,风、浪、流等环境条件较好。值得说明的是,我国地域辽阔,南方与北方的河流差异较大,北方多为季节性河流,夏季多发洪水,冬季河流不同程度结冰,早春又多发凌汛,季节性特征显著,因此,需要根据具体面临的建设条件加以评价。本书中的一类建设环境条件以黄河上浮桥为例。表 8-14 为一类建设环境条件的模糊综合评价表。

一类建设环境条件的模糊综合评价表　　　　　　　　表 8-14

准则层	权重	次准则层	权重	S1 优	S1 良	S1 中	S1 差	S2 优	S2 良	S2 中	S2 差	S3 优	S3 良	S3 中	S3 差	S4 优	S4 良	S4 中	S4 差
A	0.558	A1	0.540	0.80	0.20	0	0	0.80	0.20	0	0	0.70	0.30	0	0	0.80	0.20	0	0
		A2	0.297	0.70	0.30	0	0	0.90	0.10	0	0	0.20	0.40	0.40	0	0	0.50	0.50	0
		A3	0.163	1.00	0	0	0	0.80	0.20	0	0	0.80	0.20	0	0	0.70	0.30	0	0
B	0.228	B1	0.750	0	0.50	0.50	0	0.90	0.10	0	0	0.10	0.50	0.40	0	0.20	0.40	0.40	0
		B2	0.250	0.90	0.10	0	0	0.80	0.20	0	0	0.10	0.60	0.30	0	0.20	0.50	0.30	0
C	0.136	C1	0.667	0.70	0.30	0	0	0.90	0.10	0	0	0	0.20	0.80	0	0	0.60	0.40	0
		C2	0.333	0.50	0.50	0	0	1.00	0	0	0	0	0.60	0.40	0	0	0.50	0.50	0
D	0.078	D1	0.500	0.70	0.30	0	0	0.80	0.20	0	0	0.20	0.30	0.50	0	0.40	0.60	0	0
		D2	0.500	0.50	0.50	0	0	0.50	0.50	0	0	0.50	0.50	0	0	0.50	0.50	0	0

用模糊综合评判决策的 M(·,+)数学模型,计算出 S1 方案的模糊综合评判结果。影响因素大类因素对应的评价等级权重矩阵分别为:

$$R'_A = \begin{bmatrix} 0.8 & 0.2 & 0 & 0 \\ 0.7 & 0.3 & 0 & 0 \\ 1 & 0 & 0 & 0 \end{bmatrix}$$

$$R'_B = \begin{bmatrix} 0 & 0.5 & 0.5 & 0 \\ 0.9 & 0.1 & 0 & 0 \end{bmatrix}$$

$$R'_C = \begin{bmatrix} 0.7 & 0.3 & 0 & 0 \\ 0.5 & 0.5 & 0 & 0 \end{bmatrix}$$

$$R'_D = \begin{bmatrix} 0.7 & 0.3 & 0 & 0 \\ 0.5 & 0.5 & 0 & 0 \end{bmatrix}$$

R_A、R_B、R_C 和 R_D 分别是次准则层 9 个小类因素权重基础上的 2 级评价矩阵,则:

$$R_A = w_1 R'_A = \begin{bmatrix} 0.8029 & 0.1971 & 0 & 0 \end{bmatrix}$$

$$R_B = w_2 R'_B = \begin{bmatrix} 0.225 & 0.4 & 0.375 & 0 \end{bmatrix}$$

$$R_C = w_3 R'_C = \begin{bmatrix} 0.6334 & 0.3666 & 0 & 0 \end{bmatrix}$$

$$R_D = w_4 R'_D = \begin{bmatrix} 0.6 & 0.4 & 0 & 0 \end{bmatrix}$$

因此,关于 S1 方案的评价矩阵 R 为:

$$R = \begin{bmatrix} R_A \\ R_B \\ R_C \\ R_D \end{bmatrix} = \begin{bmatrix} 0.8029 & 0.1971 & 0 & 0 \\ 0.224 & 0.4 & 0.375 & 0 \\ 0.6334 & 0.3666 & 0 & 0 \\ 0.6 & 0.4 & 0 & 0 \end{bmatrix}$$

模糊综合评价 W_1 结果为:

$$W_1 = w_0 R = \begin{bmatrix} 0.631 & 0.286 & 0.083 & 0 \end{bmatrix}$$

S1 综合评价得分为:

$$S1 = W_1 V^T = 3.548$$

重复上述计算过程,得到四个方案的分数见表 8-15。

一类建设环境条件的模糊综合得分表 表 8-15

方案	S1	S2	S3	S4
得分	3.548	3.845	2.612	2.856

计算结果表明,方案 S2 得分最高,通过模糊数学综合评判决策得出一类建设环境条件下方案 S2 最为合理。值得说明的是,决策影响因素中并未考虑建筑美学的影响,在城市当中建设跨河/湖桥梁时,应当将其考虑进来。

8.3.5 针对二类建设环境条件的模糊综合评价

二类建设环境条件主要指的是在内陆河流或湖泊,平均水深在十几至几十米左右,可能面临着较一类更具挑战的环境要素条件(表8-16)。

二类建设环境条件的模糊综合评价表　　　　表 8-16

准则层	权重	次准则层	权重	浮桥设计方案评价等级权重												
				S1				S2				S3				
				优	良	中	差	优	良	中	差	优	良	中	差	

准则层	权重	次准则层	权重	S1 优	S1 良	S1 中	S1 差	S2 优	S2 良	S2 中	S2 差	S3 优	S3 良	S3 中	S3 差	S4 优	S4 良	S4 中	S4 差
A	0.558	A1	0.540	0.80	0.20	0	0	0.60	0.40	0	0	0.85	0.15	0	0	0.80	0.20	0	0
		A2	0.297	0.60	0.40	0	0	0.70	0.30	0	0	0.95	0.05	0	0	0.50	0.50	0	0
		A3	0.163	1.00	0	0	0	0.30	0.70	0	0	0.90	0.10	0	0	0.70	0.30	0	0
B	0.228	B1	0.750	0	0.40	0.60	0	0.80	0.20	0	0	0.50	0.50	0	0	0.40	0.40	0.20	0
		B2	0.250	0.80	0.20	0	0	0.50	0.50	0	0	0.50	0.50	0	0	0.40	0.40	0.20	0
C	0.136	C1	0.667	0.60	0.40	0	0	0.80	0.20	0	0	0.50	0.50	0	0	0.50	0.50	0	0
		C2	0.333	0.40	0.60	0	0	0.40	0.60	0	0	0.40	0.60	0	0	0.50	0.50	0	0
D	0.078	D1	0.500	0.50	0.50	0	0	0.80	0.20	0	0	0.50	0.50	0	0	0.70	0.30	0	0
		D2	0.500	0.50	0.50	0	0	0.50	0.50	0	0	0.50	0.50	0	0	0.50	0.50	0	0

重复上述计算过程,得到 4 个方案的分数见表 8-17。

二类建设环境条件的模糊综合得分表　　　　表 8-17

方案	S1	S2	S3	S4
得分	3.488	3.655	3.780	3.567

计算结果表明,方案 S3 得分最高,通过模糊数学综合评判决策得出二类建设环境条件下方案 S3 最为合理。

8.3.6 针对三类建设环境条件的模糊综合评价

三类建设环境条件主要指的是在海峡、港口,平均水深在百米以上,浮桥结构直接面临的是海洋环境:波浪周期范围大,浪高大;海水盐度给结构耐久性带来挑战;同时还面临风暴潮、台风甚至海啸的威胁。三类建设环境条件的模糊综合评价表见表 8-18。

三类建设环境条件的模糊综合评价表　　　表 8-18

准则层	权重	次准则层	权重	浮桥设计方案评价等级权重															
				S1				S2				S3				S4			
				优	良	中	差	优	良	中	差	优	良	中	差	优	良	中	差
A	0.558	A1	0.540	0	0.50	0.50	0	0	0	0.20	0.80	0	0.30	0.70	0	0.90	0.10	0	0
		A2	0.297	0	0	0.30	0.70	0	0	0.10	0.90	0	0.50	0.50	0	0.90	0.10	0	0
		A3	0.163	1.00	0	0	0	0	0	0	1.00	0.60	0.40	0	0	0.80	0.20	0	0
B	0.228	B1	0.750	0	0	0	1.00	0.50	0.50	0	0	0.2	0.40	0.40	0	0.60	0.40	0	0
		B2	0.250	0	0	0.30	0.70	0	0	0.50	0.50	0	0	0	0	0.70	0.30	0	0
C	0.136	C1	0.667	0	0	0	1.00	0.40	0.60	0	0	0	0.40	0.60	0	0.80	0.20	0	0
		C2	0.333	0	0	0	1.00	0.80	0.20	0	0	0	0.60	0.40	0	0.70	0.30	0	0
D	0.078	D1	0.500	0	0	0.40	0.60	0.80	0.20	0	0	0.20	0.80	0	0	0.80	0.20	0	0
		D2	0.500	0	0	0.50	0.50	0.50	0.50	0	0	0	0.50	0.50	0	0.50	0.50	0	0

重复上述计算过程,得到四个方案的分数,见表 8-19。

三类建设环境条件的模糊综合得分表　　　表 8-19

方案	S1	S2	S3	S4
得分	1.825	2.085	2.627	3.798

计算结果表明,方案 S4 得分最高,通过模糊数学综合评判决策得出三类建设环境条件下方案 S4 最为合理。

8.4 本章小结

本章提出了浮桥设计方案的评价与比选以及优化设计方法。首先,总结浮桥建设的三类条件,并通过对世界范围内的现有浮桥结构的总结与分析,提出了三种浮桥方案;其次,基于模糊数学评价理论,提出了浮桥设计方案的评价与比选方法,依次以三类建设条件为研究对象,对包括传统桩基础桥梁方案和三种浮桥方案在内的四种方案进行评价与对比,得出不同建设条件下的最优设计方案,适用性研究结论见表 8-20。

不同建设条件浮桥方案适用分析表 表 8-20

建设条件	使用场景	功能定位	桥梁等级	水域宽度/浮长	桥型方案	通航适用性	竞争桥型	代表案例
一类	河流/湖泊	用作施工或缓解通行压力的临时性桥梁或作为渡河设备；或用作环保要求高，水中不宜设基础的水库、湖泊	临时性桥梁	≥100m	直线布置，采用钢质承压舟，水中多点系泊，施工速度快，成本相对较低，但道路等级低，限制重车，受洪峰影响时需开启或拆除	用于不通航或通航等级较低的情况。浮桥部分不可通航，如需通航可采取以下措施：(1)将通航部分开启；(2)浮体上设墩，抬高主梁，满足通航净空	水中设墩的常规梁桥	黄河上的浮桥，如山东泺口浮桥、秦晋黄河浮桥等
二类	河流/湖泊	作为跨域深水水域的一种永久性桥梁方案	永久性浮桥	≥2km	直线布置，采用混凝土连续式浮箱，主梁采用常规小跨径梁桥，水中多点系泊	浮桥部分不可通航，可根据需要设置单独的通航孔	水中设墩的常规梁桥	美国华盛顿湖浮桥
三类	峡湾/海峡	作为跨域超深水水域的一种永久性桥梁方案	永久性浮桥	≥1km	曲线布置，采用离散式浮箱，采用钢质/混凝土浮箱（轻质混凝土），主梁跨径大，采用钢箱梁/钢桁梁，采用水中多点系泊和端部锚固	浮桥部分可通航小船，可根据需要设置单独的通航孔	悬索桥	挪威Nordhordland 大桥、Bergsøysund 大桥和 E39 项目等

注：不同建设条件对应的分类和环境要素取值见表 8-1 和表 8-2。

综合第 5 章的浮桥动力机理以及系泊系统机理的计算分析，波浪、水流等水动力条件影响着浮筒和系泊的选择：波浪较大的区域，如 E39 项目建设区域，浮筒在设计过程中要保证足够的干舷高，以免发生跃浪现象使得水动力荷载急剧增加；而在波浪要素较弱的内湖、河流等建设条件下，桥面板可以设计得更加贴近水面，以节约成本；水流要素是影响系泊系统设计的重要参数，在潮流较大的工程建设区域，建议增加后端悬链线的线密度，以增强系泊系统对浮桥结构的约束。

参 考 文 献

[1] HARTZ B J. Dynamic response of the hood canal floating bridge[C]. Proceedings of second ASCE/EMD specialty conference on dynamic response of structures. Atlanta:GA,1981.

[2] HARTZ B J,MUKHERJI B. Dynamic response of a floating bridge to wave forces[C]. Proceedings of the International Conference on Bridging Rion-Antirion. Patras,Greece,1977.

[3] HARTZ,B J,GEORGIADIS,C. A finite element program for dynamic response of continuous floating structures in short-crested waves[C]//Proceedings of the International Conference on Finite Element Methods. Shanghai,China,1982:493-498.

[4] HOLAND I,LANGEN I. Salhus floating bridge:Theory and hydrodynamic coefficients[R]. Trondheim:SINTEF Report,1972.

[5] HOLAND I,LANGEN I. Dynamic analysis of floating bridges[M]. AUNE P, HOLAND I, editors. Norwegian bridge building. Trondheim: Tapir Publishers,1981.

[6] CLOUGH D,SIGBJORNSSON R,REMSETH S N. Response of a submerged, buoyant tubular bridge subjected to irregular sea waves[R]. Trondheim:SINTEF Report,1977:71.

[7] LANGEN I. Frequency domain analysis of a floating bridge exposed to irregular short-crested waves[R]. Trondheim:SINTEF Report,1980.

[8] NICHOLS C C. Construction and performanceof hood canal floating bridge[J]. New and Archived Symposium,1964(8):97-106.

[9] 陈文创,张永良,郭鹏.浮式跨海大桥技术的研究进展[J].黑龙江大学工程学报,2019,10(3):1-7,14.

[10] SEIF,M S,INOUE,Y. Dynamic analysis of floating bridges [J]. Marine structures,1998,11(1-2):29-46.

[11] KVÅLE K A,SIGBJÖRNSSON R,ØISETH O. Modelling the stochastic dynam-

ic behavior of a pontoon bridge:A case study[J]. Computers and Structures,2016,165:123-135.

[12] AHNAF R. Dynamic Analysis of Floating Bridges[J]. Procedia Engineering,2017,194:44-50.

[13] THOMAS V,BERNT J L,XU X,et al. Effects of wave directionality on extreme response for a long end-anchored floating bridge[J]. Applied Ocean Research,2019,90:101843.

[14] CHENG Z S,GAO Z,MOANA T. Hydrodynamic load modeling and analysis of a floating bridge in homogeneous wave conditions[J]. Marine Structures,2018,59:122-141.

[15] CHENG Z S,GAO Z,MOAN T. Numerical modeling and dynamic analysis of a floating bridge subjected to wind,wave,and current loads[J]. Journal of Offshore Mechanics and Arctic Engineering,2019,141(1):011601-1-011601-17.

[16] WEI W,SONG C H,FU S X,et al. A frequency-domain method to predict hydroelastic responses of a pontoon-separated floating bridge[J]. Journal of Ship Mechanics,2020,24(10):1302-1314.

[17] CHENG Z,GAO Z,MOAN,T. Hydrodynamic load modeling and analysis of a floating bridge in homogeneous wave conditions[J]. Marine Structures,2018,59:122-141.

[18] THOMAS V,BERNT J L,XU X,et al. Effects of wave directionality on extreme response for a long end-anchored floating bridge[J]. Applied Ocean Research,2019,90:101843.

[19] SHA Y Y,AMDAHL J,AALBERG A,et al. Numerical investigations of the dynamic response of a floating bridge under environmental loadings[J]. Ships and Offshore Structures,2018,13(S1):113-126.

[20] DAI J,LEIRA B J,MOAN T,et al. Inhomogeneous wave load effects on a long,straight and side-anchored floating pontoon bridge[J]. Marine Structures,2020,72:102763.

[21] 位巍,宋春辉,付世晓,等. 分置式浮桥水弹性响应频域预报方法[J]. 船舶力学,2020,24(10):1302-1314.

[22] WU Y. Hydroelasticity of floating bodies [D]. London: Brunel University London, 1984.

[23] WATANABE E, UTSUNOMIYA T, WANG C M. Hydroelastic analysis of pontoon-type VLFS: A literature survey[J]. Engineering Structures, 2004, 26(2): 245-256.

[24] LU D, FU S, ZHANG X, et al. A method to estimate the hydroelastic behaviour of VLFS based on multi-rigid-body dynamics and beam bending[J]. Ships Offshore Structure, 2019, 14(4): 354-362.

[25] WANG C, FU S X, CUI W C. Ribbon bridge in waves based on hydroelasticity theory[J]. Frontiers of Architecture and Civil Engineering in China, 2009, 3(1): 57-62.

[26] NEWMAN J N. Wave effects on hinged bodies [R]. Technical Report, 1997-1998.

[27] LEE C H, NEWMAN J N. An assessment of hydroelasticity for very large hinged vessels [J]. Journal of Fluids and Structures, 2000, 14(7): 957-970.

[28] TAJALI Z, SHAFIEEFAR M. Hydrodynamic analysis of multi-body floating piers under wave action[J]. Ocean Engineering, 2011, 38(37): 1925-1933.

[29] KIM B W, HONG S Y, KYOUNG J K, et al. Investigation on wave reduction performances of floating hinge-linked breakwater [J]. Journal of Ocean Science Technology, 2006, 3(1): 13-22.

[30] SUN L, EATOCK T R, CHOO Y S. Responses of interconnected floating bodies [J]. The IES Journal Part A: Civil & Structural Engineering, 2011, 4(3): 143-156.

[31] SUN L, EATOCK T R, CHOO Y S. Multi-body dynamic analysis of float-over installations [J]. Ocean Engineering, 2012, 51: 1-15.

[32] WANG G, GOU Y, TENG B, et al. Motion responses of hinged multiple floating bodies under regular wave action [J]. Journal of Dalian University of Technology, 2014, 54(6): 618-625.

[33] 王琮, 付世晓, 崔维成, 等. 波浪作用下带式舟桥的水弹性响应研究[J]. 船舶力学, 2006(6): 61-75.

[34] CHOPRA A K. Dynamics of structures:theory and applications to earthquake engineering[M]. New Jersy:Prentics-Hall International Inc. , 1995.

[35] 郑高明.大跨空间结构风荷载影响参数及风振计算方法研究[D].镇江:江苏科技大学,2019.

[36] MORRIS E,SZABO V,YANG G,et al. Frequency domain dynamic analysis of a floating bridge [C]. Coast Structure 2003. Oregon:ASCE,2004.

[37] MARIO D P. Digital simulation of wind field velocity[J]. Journal of Wind Engineering and Industrial Aerodynamics,1998(74-76):91-109.

[38] LIE H ,FU S,FYLLING I,et al. Numerical modelling of floating and submerged bridges subjected to wave,current and wind[R]. ASME Paper No. OMAE2016-54851,2016.

[39] DING J,TIAN C,WU Y S,et al. Hydroelasticity of a VLFS in non-uniform incident waves [R]. The 12th International Conference on Hydrodynamics (ICHD),Delft,The Netherlands,Sept. 18-23.

[40] CUMMINS W. The impulse response function and ship motions[R]. Department of the Navy David Taylor Model Basin,Hydromechanics Laboratory Research and Development Report,Report No. 1661,1962.

[41] DAVIDSON J,RINGWOOD J V. Mathematical modelling of mooring systems for wave energy converters—a review[J]. Energies,2017,10:666.

[42] SHEN Z X,HUO F L,NIE Y,et al. Impact analysis of air gap motion with respect to parameters of mooring system for floating platform[J]. China Ocean Engineering,2017,31(2):141-150.

[43] NI X Y,CHENG X M,WU B,et al. Coupled analysis between mooring system and VLFS with an effect of elastic deflection of floater [J]. China Ocean Engineering,2018,165:319-327.

[44] MONTASIR O A, YENDURI A,KURIAN V J. Mooring system optimisation and effect of different line design variables on motions of truss spar platforms in intact and damaged conditions[J]. China Ocean Engineering,2019,33(4):385-397.

[45] JOHANNING L,SMITH,G H, WOLFRAM J. Towards design standards for WEC moorings[C]. Proceedings of the 6th European Wave and Tidal Energy

Conference, Glasgow, UK, 29 August-2 September 2005.

[46] YANG M, TENG B, NING D, et al. Coupled dynamic analysis for wave interaction with a truss spar and its mooring line/riser system in time domain[J]. China Ocean Engineering, 2012, 39:72-87.

[47] JIANG C Q, MOCTAR O E, SCHELLIN T E, et al. Comparative study of mathematical models for mooring systems coupled with CFD[J]. Ships and Offshore Structures, 2021, 16(9):942-954.

[48] AGAMLOH E B, WALLACE A K, VON JOUANNE A. Application of fluid-structure interaction simulation of an ocean wave energy extraction device[J]. Renewable Energy, 2008, 33(4):748-757.

[49] MOCTAR O, SCHELLIN T, JAHNKE T, et al. Wave load and structural analysis for a jack-up platform in freak waves [J]. Journal of Offshore Mechanics and Arctic Engineering, 2009, 131:021602-1-8.

[50] CHEN W C, ZHANG Y L, YU H F. Numerical study on the performance of a twin-raft wave energy dissipator in a stilling basin[J]. Journal of Fluids and Structures, 2016, 66:170-182.

[51] CHEN W C, DOLGUNTSEVA I, SAVIN A, et al. Numerical modelling of a point-absorbing wave energy converter in irregular and extreme waves[J]. Applied Ocean Research, 2017, 63:90-105.

[52] CHEN W C, ZHANG Y L, ZHENG S M. Advance in the study of wave energy dissipation of floating bodies[C]. 2nd Asian Wave and Tidal Energy Conference, Tokyo, 2014.

[53] CHEN W C, ZHANG Y L, YU H F. Numerical study on the performance of twin-raft wave energy dissipators[C]. 3rd Asian Wave and Tidal Energy Conference, Singapore, 2016:216-220.

[54] YU H F, ZHANG Y L, CHEN W C. Effect of power take-off system on the capture width ratio of a novel wave energy converter[C]. 3rd Asian Wave and Tidal Energy Conference, Singapore, 2016:241-245.

[55] 陈文创. 铰接浮体式俘能消波装置水动力特性的研究[D]. 北京:清华大学, 2017.

[56] WATANABE E. Floating bridges:past and present [J]. Structural Engineering International,2003,13(2):128-32.

[57] 王建平,黄亚新,程建生.浮桥工程[M].北京:人民交通出版社,2012.

[58] SKORPA L. Developing new methods to cross wide and deep Norwegian fjords [J]. Procedia Engineering,2010,4:81-89.

[59] MOE G. Design philosophy of floating bridges with emphasis on ways to ensure long life [J]. Journal of Marine Science and Technology,1997,2(3):182-189.

[60] LWIN M M. Floating bridges in the United States [C]. Floating Structures in Coastal Zone,1995.

[61] LANDET E, et al. Planning and construction of floating bridges in Norway [C]. Floating Structures in Coastal Zone,1995.

[62] VABO P,LOEN A,LERIA B J,et al. Feasibility of a semi-submersible floating Bridge [J]. Strait Crossing,1990:487-495.

[63] WEI W, FU S X, MOAN T. A time-domain method for hydroelasticity of a curved floating bridge in inhomogeneous waves [J]. Journal of Offshore Mechanics and Arctic Engineering,2019,141(1):014501.

[64] ARNT G F,MADS F H ,Per N L. Hydrodynamical aspects of pontoon optimization for a side-anchored floating bridge[J]. Journal of Offshore Mechanics and Arctic Engineering,2019,141(3):031603-1-9.

[65] ADAM A T. Comparison of taut and catenary mooring systems for finfish aquaculture[C]. Proceedings of the ASME 2018 37th International Conference on Ocean,Offshore and Arctic Engineering OMAE2018,2018.

[66] MAGNUS J H. Dynamic load reduction and station keeping mooring system for floating offshore wing[C]. Proceedings of the ASME 2018. 1st International Offshore Wind Technical Conference IOWTC2018,2018.

[67] SUN J Q,JIANG P Y,SONG C H,et al. Experimental investigation on the hydrodynamics of multi-module connected floating bridge under regular wave action [J]. Journal of Harbin Engineering University,2019,40(1):162-167.

[68] CARLOS A,COELLO C,GARY B L,et al. Evolutionary algorithms for solving multi-objective problems[M]. 2ed. New York:Springer,2007.

[69] 郑金华. 多目标进化算法及其应用[M]. 北京:科学出版社,2007.

[70] 霍杰. 基于CFD的海蟒式俘能装置的水动力学特性研究[D]. 哈尔滨:哈尔滨工业大学,2013.

[71] CHEN W C, ZHANG Y L, YU H F. Numerical study on the performance of a twin-raft wave energy dissipator in a stilling basin[J]. Journal of Fluids and Structures, 2016, 66:170-182.

[72] FENTON J D. A fifth-order Stokes theory for steady waves[J]. Journal of Waterway, Port, Coastal, and Ocean Engineering, 1985, 111(2):216-234.

[73] 李玉成. 波浪与水流共同作用下的流速场[J]. 海洋工程, 1983(4):15-26.

[74] ZHANG Y L. Fluid-structure dynamic interaction[M]. First ed. Beijing: Academy Press, 2010.

[75] ROSHCHENKO A, MINEV P D, FINLAY W H. A time splitting fictitious domain algorithm for fluid-structure interaction problems (A fictitious domain algorithm for FSI)[J]. Journal of Fluids and Structures, 2015, 58:109-126.

[76] HADŽIEĆI, HENNING J, PERIĆ M, et al. Computation of flow-induced motion of floating bodies[J]. Applied Mathematical Modelling, 2005, 29(12):1196-1210.

[77] MENTER F R, KUNTZ M, LANGTRY R. Ten years of industrial experience with the SST turbulence model[J]. Turbulence, Heat and Mass Transfer, 2003, 4(1):625-632.

[78] LSSA R I. Solution of the implicitly discretised fluid flow equations by operator-splitting[J]. Journal of Computational Physics, 1986, 62(1):40-65.

[79] HIRT C W, NICHOLS B D. Volume of fluid (VOF) method for the dynamics of free boundaries[J]. Journal of Computational Physics, 1981, 39(1):201-225.

[80] SÜLI E, MAYERS D F. An introduction to numerical analysis[M]. Cambridge: Cambridge University Press, 2003.

[81] GODA Y, SUZKI Y. Estimation of incident and reflected waves in random wave experiments[J]. Proceedings of 15th Coastal Engineering Conference, 1976:

828-845.

[82] 王国玉.特种防波堤结构型式及水动力特性研究[D].大连:大连理工大学,2005.

[83] ANSYS Inc.. Ansys help[CP]. Release 16.0,2016.

[84] SUMER B M,FREDSØE J. Hydrodynamics around cylindrical structures[C]. Singapore:World Scientific,1997.

[85] LONGUET-HIGGINS M S,STEWART R W. The changes in amplitude of short gravity waves on steady non-uniform currents[J]. Journal of Fluid Mechanics,1961,10(4):529-549.

[86] 陈文创,张永良.筏式波浪能装置波能转换液压能效率的数值研究[J].水力发电学报,2013.32(5):191-196.

[87] CHAKRABARTI S K. Hydrodynamics of offshore structures[M]. Southampton:Computational Mechanics Publications,1987.

[88] SARPKAYA T. Wave forces on offshore structures[M]. Cambridge:Cambridge University Press,2010.

[89] LAGRANGE J L. Analytical mechanics[M]. New York:Springer Science & Business Media,2013.

[90] GREENWOOD D T. Classical dynamics[M]. New York:Dover Publications,1977.

[91] LI Y,YU Y. A synthesis of numerical methods for modeling wave energy converter-point absorbers[J]. Renewable and Sustainable Energy Reviews,2012,16(6):4352-4364.

[92] NEWMAN J N. Wave effects on deformable bodies[J]. Applied Ocean Research,1994,16(1):47-59.

[93] SUN L,TAYLOR R E,CHOO Y S. Responses of interconnected floating bodies[J]. The IES Journal Part A:Civil & Structural Engineering,2011,4(3):143-156.

[94] ZHENG S M,ZHANG Y H,ZHANG Y L,et al. Numerical study on the dynamics of a two-raft wave energy conversion device[J]. Journal of Fluids and Structures,2015,58:271-290.

[95] SHENG W,ALCORN R,LEWIS A. On improving wave energy conversion,part

I: Optimal and control technologies[J]. Renewable Energy, 2015, 75: 922-934.

[96] GIORGI G, RETES M P, RINGWOOD J V. Nonlinear hydrodynamic models for heaving buoy wave energy converters[J]. Proceedings of 3rd Asian Wave and Tidal Energy Conference, 2016: 144-153.

[97] GIORGI G, RETES M P, RINGWOOD J V. Nonlinear hydrodynamic force relevance for heaving point absorbers and oscillating surge converters[C]. Proceedings of 3rd Asian Wave and Tidal Energy Conference, 2016: 154-162.

[98] YU Y, LI Y. Preliminary results of a RANS simulation for a floating point absorber wave energy system under extreme wave conditions[C]. Proceedings of 30th International Conference on Ocean, Offshore and Arctic Engineering, 2011.

[99] YU Y, LI Y. Reynolds-Averaged Navier-Stokes simulation of the heave performance of a two-body floating-point absorber wave energy system[J]. Computers & Fluids, 2013, 73: 104-114.

[100] CHEN W C, DOLGUNTSEVA I, SAVIN A, et al. Numerical modelling of a point-absorbing wave energy converter in irregular and extreme waves[J]. Applied Ocean Research, 2017, 63: 90-105.